決定版

失敗しない
起業家の戦い方

株式会社 フリーウェイジャパン
代表取締役
井上達也
Inoue Tatsuya

どんなに頭がよくても、成功するとは限らない。
税理士や大手コンサルティングの人でも、
起業して成功する人はほとんどいない。
起業には学歴も経歴も関係ない。
成功の方程式なんて存在しない。
起業に正解はない。

では、どうしたらいいか。
選択を間違わないことだ。

選択を間違わないことはできる。

本書は、あなたが起業しよう、
あるいはフリーランスとして働こう
と考えたときに、
その「選択」を間違わないための本だ。

はじめに

起業して感じたのは、世の中というのはこれ以上ないほど不平等な世界だということです。

ひと言で社長と言ってもその姿はさまざま。

生まれたときから親が都心に広い土地を持っていてマンション経営、高級車を乗りまわしている月収３００万円の社長。かたやアパート暮らしの母子家庭、介護をしながら親や兄弟のために夜中まで働いている社長。

起業したら今まで教えられてきたことはすべて忘れ去ることです。

学校の先生が言っていた、人間は平等。頑張れば必ず報われる。そんなことはひとつもないのです。世の中は平等どころか身分の上下すらあります。

起業すると今までの常識が全部ウソだったことがわかります。そんな不平等極まりない世の中で競争するのが起業、会社経営というものです。

これを聞いて、ならば起業するのをやめようかなという人がいるかもしれません。ずっと負け犬の人生を歩みたいならそれでもいいと思います。

でも、このクソッタレの世の中にワンパンチ食らわせたいなら、起業をおすすめします。サラリーマンのままでは、恵まれた家庭に生まれてきた奴、金持ちであなたを馬鹿にした奴には絶対に勝てません。でも起業したら奴らに勝てるかもしれません。

あなたはこういう奴らにずっと見下されたまま生きていきますか、うらやましいなと思う目で見て生きていきますか。起業しなければ一生、奴らに勝つことはできないのです。

本書は「フリーランスで自分らしい生き方を」「起業して夢をつかめ」、なーんていう美しい本ではありません。

29歳で起業し、お客様ゼロからスタートし、ユーザーが55万社になった社長が書いた本。起業家が書いた起業家向けの本です。365日ただの1日も休まず、のり弁当を買うお金もなくなり、夜中の3時まで毎日チラシを配り続けた起業家の本でもあります。

起業やフリーランスで失敗したくないと思う人、起業で人生を変えたいという人だけお読みください。

株式会社フリーウェイジャパン　井上達也

決定版　失敗しない起業家の戦い方　目次

第2章 起業する前に絶対に知っておくべきこと

第3章

失敗しなければ成功する

第4章 起業の常識

第5章 あなたを失敗に導く人々

第6章 ビジネスで成功するカギ

第7章 ビジネスの作り方

第1章

おまえは何者だ

あなたは紆余曲折を経て、ついに起業しました。登記も終わったし、親しい友だちにはお客様を紹介してくれるよう頼んだ。さあガンガン営業するぞ。というあなた。はい正解です。最初はそれでいいんです。人から「社長！」なんて呼ばれると少し恥ずかしいかもしれません。起業当初は今まで蓄えてきたお金にも余裕があり、楽しい日々が続きます。

しかし、その後、だんだんと自分の中の勢いが弱くなっていきます。売上が思ったよりも上がらず、お金も減っていきます。なぜだろう、おかしいな、もっと広告しなきゃ、営業しなきゃ、新しい商材を探さなくちゃ、なんでもいいから儲けなきゃという焦りが生まれてきます。なぜ、そうなってしまったのか？

会社設立や個人事業者の手続きだけすれば、たしかに会社を作ることはできます。ただ、その前に自分自身の中で決めておくことがあるのです。起業して、はじめに考えなければならない一番重要なこと。それは「自分は何者なのか」ということです。

まず本章では「あなたが何者なのか」というテーマを扱います。

起業の出発点で、選択を間違わないための大事な話です。

ある社長は今、上場を目指して頑張っています。社長は今までさまざまな事業に乗り出しては成功と失敗を繰り返し、ついに上場の入口が見えてきました。

彼はここまで来る過程でさまざまなものを売ってきました。ただ、どれひとつとしてまともなビジネスはありません。新しい事業はすべて他社のモノマネです。数百万円の入会金を取りしばらくするとやめて、また新事業を立ち上げます。こうしたことを何十年も繰り返してきました。

ある社員は社長の機嫌をそこね、真夏に餅を買ってこいと言われコンビニを駆けずりまわりました。しかし真夏に餅が売っているはずもなく社長に謝ると社長は使えねえ奴とひじ打ちを食らわせます。この人は3日後に退社しました。

また別の女性社員が社長と出張に行ったときのこと。夜になって社長がホテルの部屋の扉をどんどんと叩き「開けろ」と怒鳴ります。もちろん怖くなって女性社員はやめてしまいました。

起業した理由は何か

今の会社が嫌だからフリーランスになった。上場を目指して起業した。お金持ちになりたくて会社を作った。さまざまな人がいると思います。

あなたがどういう理由で起業しても、それは構いません。

ここで私が聞きたいのはあなたの「起業の目的は何なのか」ということです。「目的なんて言われても……」という人は多いと思います。しかし、ここであなたの起業した目的をはっきりさせないと、後で後悔することになります。

では「目的」とは何か。それは、「人間としてどう生きるか」ということです。

単にお金持ちになりたいというのであれば、前述した社長と同じです。この社長はお金持ちになりましたが、周りの人たちからは詐欺師、守銭奴、セクハラ野郎と罵られています。

実はお金というものは、なんでもありなら、いくらでも稼げるものです。

極端な話、お金を借りてトンズラしたり、商品が壊れていたと言ってお金を踏み倒したりすればいいからです。先ほどの社長のように、こうしたことを繰り返している人、法的にグレーな部分を器用に渡り歩いている人は、あなたが考えている以上にたくさんいます。こうしたことを繰り返してお金持ちになった人もいます。

あなたは、人間のクズと言われてもお金持ちになりたいのか。

そうでなければ、何を目指して起業するのか。

まずはその「目的」をはっきりさせましょうよ、ということです。

「自分は何者なのか」を問い続ける

お金持ちになりたいから会社を辞めて独立しましたという人はたくさんいます。

もちろん、裕福になりたいという気持ちはわかります。

ただ、そもそもお金持ちになりたいというのは起業する目的にはなりません。

例えば、今ここであなたに1億円あげたとします。でも一生使ってはいけませんよと言われて喜ぶ人はいませんよね。

つまりお金というのは、何かをするための「手段」なんです。電車や車、飛行機と同じで、ひとつの手段にすぎないわけです。


では「目的」とは何か。お金持ちになって何をしたいのか。何を買うのか。これが目的です。ですから、そもそもお金というものは、目的にならないのです。


ある社長になんの仕事をしているんですかと聞いたときの話です。彼は、自分は商社ですと言います。どんな商社なんですかと聞きました。すると、その時々でブームになっているものを売ったり、サービスを提供したりしているそうです。健康食品がブームになれば健康食品を売り、儲かる化粧品があればそれを売る。

その人はお金が入ればなんでもいい、なんでも売るのです。商品に興味はない。

だから深く勉強することもない。どういうルートで、どんな人に売るのかマージンはいくら入るのか。いつもそんなことばかり考えています。もちろんいまだに成功とはかけ離れた生活をしています。お金に困ってたくさんの人から借金を繰り返し、もう誰にいくら借りたのかも覚えていません。生きるだけで精一杯の生活を送っています。おそらく何のために起業したのかも覚えていないでしょう。

会社に勤めている社員ならば生きる目的はいらないのかもしれません。お給料がたくさん欲しい、楽な仕事をしたいでいいと思います。

しかし起業というのは、そういう枠から抜け出ること。自分は何者なのか、何をするために生まれてきたのか。起業とはそれを一生問い続けることなのです。

「目的」とは、あなたが生まれてきた意味

サラリーマンならば後ろ向きの仕事や人としてやってはいけない仕事をさせられるかもしれません。それでも、ある程度は、そうしたことを甘んじて受け入れざる

をえない部分もあるでしょう。

しかし起業したら自分自身の心の声にしたがって素直に仕事をすればいいのです。嫌なこと、したくないことはしなくてもいいということ。あなたはやりたいことだけをやればいいのです。

だからこそ、起業する目的をはっきりと決めなければなりません。


そもそも起業して成功するには、想像を絶する労働と忍耐が必要です。

365日休むこともなく、一日中仕事をし続けることになるでしょう。朝から晩まで飛び込み営業をする人、テレアポをし続ける人、メールを打ち続ける人もいるでしょう。それでも仕事が全然とれない、お金がなくて頭を下げる、トラブルに巻き込まれる。そんなときに、何があっても揺るがない強い目的がなければ必ず心が折れてしまいます。

目的、そしてそれを支える高い志だけが、あなたを成功に導くのです。


インチキ臭いコンサルタントに会社のビジョンを決めましょうと言われ「日本の

社会を元気にしたい」「人々から愛される会社、社会貢献をする会社」なんて嘘くさいことをホームページに堂々と書く社長がいます。それを読んだこっちが恥ずかしくなります。

ビジョンや目的というのは営業トークではありません。誰にも言わず自分の心の中にしまっておいてもいいのです。特に目的とは、会社を経営するとき、仕事をするときに自分自身の指針になるもので、いちいち人に言う必要はありません。

たとえばあなたが「みんなが笑顔になる絵を描く」という目的を掲げたとします。ところが、ある日「悲惨な戦争の絵を描いて欲しい。お金はたくさん払うよ」という依頼が来たらどうしますか。起業時にいただけるお金は非常にありがたいものです。だからこの仕事を受けてしまうかもしれません。もしかするとこの戦争の絵が話題になって、悲惨な絵の依頼がたくさん来るかもしれません。そして未来、あなたは戦争の絵の第一人者になります。はたしてそれであなたはうれしいでしょうか。

人は「目的」と違うことをすると、モヤモヤするものです。

これは自分が理想していることじゃない。やりたいことではない。そうすると心の奥の悪魔がささやきます。「いいじゃん、お金がたくさんもらえるんだから。いい暮らしをしたいんだよね」。そうだよな。好きな絵が描けるだけでいいじゃないか――。そう考えます。やがてあなたは「みんなが望んでいる絵を描くという作業」を毎日繰り返すようになります。

やりたくない仕事を毎日繰り返すのが嫌になり会社を辞め、理想を掲げて独立したはずのあなたは、いつのまにかやりたくない仕事をする昔の自分に戻ってしまうのです。

本章の冒頭にお話しした社長も、前職では部下思いの優しい人でした。上司から部下が怒られると「それは自分の責任です」と部下をかばう人だったそうです。しかし、あるときからブレはじめ、徐々に悪い仕事に手を染めていきました。そして今、人間のクズになってしまったのです。

「ブレない人」とはどういう人か

プレない人とは、同じ仕事を毎日愚直に繰り返す人というイメージがありますが、それは違います。ビジネスを長く続けていれば、社会の環境の変化や人々のニーズも徐々に変わっていきます。

私は起業当時、パソコンの消耗品を販売していました。しかし需要の減少と利益率の低下で徐々に利益が少なくなっていきました。そこで他社のパソコンソフトの販売を始め、最終的には自社でソフトを作ることにしました。

このように、時代の流れに合わせてビジネスを変化させていくことは、むしろ必然と言えるでしょう。

ではブレるとはどういうことかというと、自分の目的とズレることです。

起業したのは自分の目的や理想を追求するためだと先ほど書きました。しかしお金に目がくらみ自分がやりたくない仕事や自分の目的とかけ離れた仕事をする人もいます。こういう人をブレるというのだと私は思います。

ブレる人というのは自分がない人、志がない人なのです。

目的は、正直に、具体的に

目的はわかりやすく具体的なものでなければなりません。

たまにホームページの理念に「お客様に笑顔になってもらいたい」とか「日本の食文化の礎となる」といった言語明瞭、意味不明なものを見かけます。私にはさっぱりわけがわかりません。

「目的」にウソを書くことは、自分自身にウソをつくことです。人から見てすばらしいと言われる言葉を作る必要はありません。「目的」はたとえ人から非難されるようなことであっても、自分が思っていることを正直に言葉にすればいいのです。


私は子供の頃、風呂なし3畳6畳の団地で生まれ親父は出稼ぎ、母はピーナッツ工場で働いていました。小学4年生のとき、マンションに住んでいる学校の友だちがソニーのスカイセンサーという数万円のラジオを買ってもらいました。僕も「うらやましいな、欲しいな」と思いましたが、一日10円のお小遣いで買えるものではありません。そんなときに学校の図書室で、ラジオの作り方の本を読みました。部品を集めれば数百円でラジオを作れると書いてあります。僕は小銭を握りしめ、自転車で秋葉原に行き、部品を買い集め、はじめてラジオを作りました。作り終えてそーっとスイッチを入れると、ラジオから小さな音が聞こえてきました。

当社、フリーウェイジャパンが、なぜ無料でソフトを出し続けるのかというと「ITはお金のある人もない人も等しく幸せにしなければならない」という私の信念を達成するためです。お金をたくさん持っている会社だけが便利になり、お金を持っていない会社や起業家は、ひたすら手作業を繰り返す。これはお金をたくさん持っている親の子供は幸せになり、お金を持っていない親の子供に幸せは訪れないということと一緒だと思うのです。

そのために、私ができることは何かと考えたのが、一生無料で使えるクラウドシステムです。私の起業当時、ソフトの値段は、表計算ソフトだけで10万円です。請求書や会計、給与などを全部含めると50万円以上、パソコンのシステムも含めると１００万円以上です。30年以上前の１００万円は今の価値に直すと２００万円くらいの感覚です。

今から考えてみると当時の起業は大変リスキーでした。インターネットもなく、携帯電話すらほとんどの人が持っていません。広告はダイレクトメールを郵送するか新聞の折込チラシしかありません。そんな時代です。

毎日、夜遅くまで仕事をしても売上は伸びないのにお金だけがどんどんなくなっていきました。ついにはダイレクトメールを送るお金もなくなりました。毎日毎日、原付バイクで車の少ない夜中にポスティングです。バイクに乗りながら、こんなことやっていて本当に売上が伸びるのかなぁと思っていた時期もありました。でも当時、お金がない私にできることは毎日毎日、夜中にチラシを配り続けるということしかなかったのです。

今はインターネットもあるしＳＮＳもある。ソフトはクラウドで安く手に入るから起業は当時よりしやすくなったと言う人がいます。はたしてそうでしょうか。

むしろ、たくさんの人がネット広告をし、ＳＥＯを行い、ＳＮＳでバズらせようとしのぎを削る時代です。大企業でさえネット広告に莫大なお金を使っています。単に私が起業した当時とお金の使い方が変わっただけで、起業時の苦労は今も昔も変わっていない気がします。だから私は、一生ずっと無料で使えるソフトを作ったのです。それは、私の信念である「ＩＴはお金のある人もない人も等しく幸せにしなければならない」ということを実現するためです。

最初だけ無料にしておいて、後から有料に切り替えさせるという姑息な手段は私の信念、目的に反します。だから一生無料なのです。

で、実際あんたはどうだったの？

あー耳の痛い話をしなければならないですね。

実際のところ私はどうだったのかというと、もうブレブレです。会社を設立して5年間は目的どころか志も信念も何もありませんでした。お金を稼ぐためになんでもやりました。それでもお金がなくてため息をつく毎日。月末になると支払いのことで頭が一杯。電車の終電に乗り遅れ前職の後輩に車で迎えに来てもらおうと公衆電話で電話をかけようとしました。ところが財布には5円玉が2枚しかありません。泣く泣く駅の窓口で10円玉にしてもらったこともあります。

だからあなたがブレたとしても私が何か言えるような立場ではありません。ただ、私のように馬鹿げたことをしないようにという意味で本章を書いたわけです。

やらないことを決める

自分の目的が決まった。なんかやる気が出てきたぞ。さぁスタートだ。

はい、はい、はい、はい。ちょっと待ってください。もうひとつ決めなければならないことがあります。それは「やらないこと」を決めることです。

社員なら考える必要がありません。というより社員では考えることができないのが、この「やらないこと」を決めることです。

たとえば会社から「店の前に生えている街路樹は看板が見えにくいから夜中に切

り倒せ」と指示された場合、やるかやらないかという判断は社員にはできません。会社の命令だからあなたはそれに従うか、嫌なら会社を辞めるかという選択肢しかないのです。しかし起業した場合にはあなたがトップです。嫌なことは、やらなくていいのです。

だから目的の次に決めなければならないのは、あなたがやりたくない仕事、嫌な仕事をやらないためにつくる「自分自身のための法律〝やらないことを決める〟」です。起業の目的として、「これをやりたいから起業した」といったことを語る人が多いと思いますが、逆にこれがやりたくないから起業したという人も少なくないはずです。

それは、どんなことでも構いません。それはあなたが決めることで、別に他人が口出しするものではないでしょう。

ここで言いたいのは、素直な気持ちで自分のビジネスのルールを決めるということです。やらないことを決めることでビジネスの迷いがなくなります。

私もやらないことをいくつか決めています。その中で一番重要だと考えているのは「たとえ法的に問題がない儲かる仕事でも、正義のない仕事はしない」ということです。

そもそも法律というのは正義でもなんでもありません。ただの規則です。国によっても時代によっても違います。お年寄りや弱者からお金を巻き上げても、官僚にとり入って仕事をもらっても法律に違反しなければ何の問題もありません。実際にこういう人はたくさんいます。ただ私は「それをよしとはしない。だからお金をもらってもやらない」ということです。世の中には「社会貢献が第一、日本の社会を明るくしたい」と言いながらインチキな商売をしているゲスな会社はいくらもあります。私はそういう会社には絶対にしたくないのです。これは私のプライドです。

やらないことを決めるといちいち「やるかやらないか」を考える必要がなくなります。自分の仕事に集中できます。そもそもやりたくない仕事から開放されます。人から「エッいい話なのに断るの。楽に儲かるのに」と言われるかもしれません。しかし、それをやらないのがあなたの哲学、生き方なのです。

目標を決める

目的を決め、やらないことを決めたあなたはようやく目標を作ることができます。今のあなたなら、変な目標を掲げないでしょう。目的も決めず、やらないことも決めないで作った「今期、売上1億円を目指す」「上場を目指す」なんていう目標には、なんの意味もないのです。

目的を達成するためのワンマイルが目標です。いくつもの目標を超えていくと自然に目的にたどり着くというのが理想です。目的は目標の延長線上にあるのです。それがわかったうえで「今期、売上1億円を目指す」と目標を掲げるならば、この目標には価値が生まれてくるのです。

あなたの生きた証を残す

もう10年以上前のお話。柔道整復師関連の会社の社長とお酒を呑みに行きました。社長は少し酔いがまわり「井上さー、俺の会社はなんか悪いことしているようで、たまにフトこれでいいのかな、なんて思っちゃうんだよ」「えっ何の話ですか」「俺の会社は柔道整復師関連の仕事だから、俺の会社がうまくいけばいくほど、目が見えない障害者の仕事を奪ってしまっている気がするんだよ。なんか、そういう人たちに悪いことしてるんじゃないかといつも思っているんだ」としみじみと言います。

僕は、すかさず「それってウソですよね」と言いました。年も離れていたということもあり、ものすごく怒鳴られました。

私は、彼がそんなことを微塵も考えたことがないのを知っていました。いい話をして、自分を美化したいだけなんです。安い給与で社員をこき使い、自分の言うことを聞かない奴は切り捨てる。ライバルであれば障害者だろうがなんだろうが叩き潰す。これが彼の性格だったからです。

ビジネスは芸術であり「生きてきた証」です。あなたのすべてが映し出されます。たとえ、たったひとつのほころびでも、それはその人を映し出す鏡なのです。

会社を大きくした。社員の雇用を守っている。中小企業を助けるため、日夜奮闘努力している。そんなものは生きている証でもなんでもない。私利私欲のための言い訳にすぎません。社長になって、自分がやりたいようにやりたい。美味しいものを食べたい。ゴルフや海外旅行をしたい。それも結構。では、あなたは未来の人たちのために何を残すつもりでしょうか。

起業したならば、あなたには未来の人たちのために何かを残してもらいたいのです。

無借金だとか毎年連続売上UPを続けている、大金持ちになったとか、そんな「ファン」みたいなものだけを残すだけなら、あなたは「虫」と大差ありません。

あなたがいたから今の世の中がある。あなたが作ったものが今の日本を支えている。世の中をこうしたい、無私の心で、後世の人から称えられるようなものを作る。未来の人たちの記憶に残る仕事をする。これを残すことが、あなたの生きた証なのです。

起業とは人生をやり直すこと

たぶんあなたは、人生について何も考えずに生きてきたと思います。私もそうでした。いや、「生きることを考える」ということを考えたことさえなかったと言うべきでしょうか。

私が起業した理由は、自分の中の炎が消えそうになったからです。

小学生の頃から、人がビックリするようなでかい仕事をするんだという野望がありました。大人になり就職し、仕事もやりがいがあり、友だちにも恵まれました。彼女とのデートや友人との旅行など楽しいことばかりです。それにともない、私の心にあった野望の炎が少しずつ小さくなってきました。別にこのままでいいんじゃないの。毎日楽しいし、貯金もたまってきた。何の不満もないじゃないか。ただ心の奥底から「何のために生まれてきたんだ。このまま生きて死んでいくだけの人生をお前は送るのか」という声が常に聞こえてきます。

そして29歳のときに、このままじゃダメだ。なんだかよくわからないけどダメだ。という心の声にしたがって会社を辞めて起業したのです。

正直言って、起業したことが選択として正しかったかどうかは今もわかりません。仕事以外の多くのものを切り捨ててきましたし、もしかすると起業なんかしないで、普通に会社員として働いたほうが楽しい人生だったのかもしれません。ただ起業したおかげで普通の人が体験できないエキサイティングな人生を送ることができたのは事実です。

もし今の人生はあなたが思い描いてきたものと違うなら、誰も経験したことのない人生を送りたいなら、起業で人生をリセットするのは大いにありだと、はっきり言い切ることができます。

Column

自分らしく生きたい人はサラリーマンでどうぞ

私のところには起業したい人や「本を読みました」なんて言う人がたくさん来ます（フェイスブックからきちんとメッセージを送ってくれる人には極力会うようにしています）。

「会社の歯車にはなりたくない。起業して自分らしく生きたいんです」なんていう人もたまに来ます。その場合、私は「自分らしく生きたいならサラリーマンがいいんじゃないですか？」とアドバイスしています。

起業について何か勘違いしている人は多いと思います。

自分らしく生きるのであれば、むしろ会社に勤めていたほうがいいでしょう。タイムカードを押してしまえば仕事から解放されますし、何かトラブルがあったら「課長、どうしましょうか」と聞けばいいわけです。それに、人にいばりたいならサラリーマンになって出世したほうが多くの人たちから尊敬されます。

一方で、起業したら、責任はすべて自分に降りかかります。あなたがやりたいようにやった場合、社員は路頭に迷ってしまうかもしれません。だから自分らしく生きるために起業するなんていうことは、幻想なんです。

こう言うと、お金をたくさん儲けて早期にリタイヤすれば、その後の人生は自分のやりたいようにできますよねという人が出てきそうです。これもなかなか難しいものがあります。

たとえば会社を作ってビジネスがうまくいったとします。さて手取りで年間1000万円をもらうには、会社に利益がいくらあればいいと思いますか。

答えは約2000万円です。1000万円は税金や社会保険料（会社負担も含め）で消えていきます。つまり毎年500万円ずつ貯金したとして20年かかって1億円です。これなら会社員になって株や不動産で儲けたほうが楽だとは思いませんか。

第2章

起業する前に絶対に知っておくべきこと

共同経営は絶対にやめる

　起業するときに心細いからといって会社の先輩や後輩、学生時代の友だちなどを誘って起業する人がいますが、これは絶対にやめてください。会社経営というのは友人や仲間、仲良しグループではできないものなのです。必ずケンカ別れが待っています。起業というのはそんなに簡単なことではありません。この人の能力を活かせたらいいなといろんな人を集めて起業しても、いつか必ず意見の食い違いが起こります。

　そもそも、起業したての会社というのは、働いたからといってお金が必ず入ってくるわけではありません。また共同経営といっても、仕事の量を2分の1とか3分の1とかにきっちり分けることもできません。儲かっているときはまだいいのですが、儲からないときは自分のせいではなく相手のせいにしてしまいます。そしてだんだんと心が離れていきます。残念ですが人間というのはそういうものです。ここには書けませんが大手企業でも兄弟や友人と会社を始めたもののケンカ別れしてお互いに憎み合っている会社、先代から引き継いだ会社を兄弟で分社したなんていう会社は、いくらでもあります。

一人で起業したら心細いというのはわかります。しかし必ず一人で起業してください。私の知る限り、仲間や友人と一緒に起業して今も会社経営を続けている会社はほとんどありません。

今、流行っている商売をしない

知り合いで投資を専門にしている人から「新聞やニュースに、今この株が注目を集めていますと一般の人に知れ渡るようになったらその株はもうダメ。すぐに売ったほうがいいよ」と言われました。

商売も同じです。ＡＩ（人工知能）がすごい進化を遂げている、ドローンがどんどん普及していると一般の人が知った時点でもうビジネスにはなりません。すでに先行している企業を追い抜くほどの技術や知識をあなたが持っているなら別ですが、そうでなければすでにあなたが入り込む余地はありません。

私の知り合いで十年以上前からドローンをビジネスにして成功している人がいます。お恥ずかしい限りですが当時、私は「ドローンっておもちゃですよね。そんなのビジネスになるんですか」とその人に言っていたことを思い出します。

私がパソコンを始めたのは今から43年前です。当時、パソコンを持っている人なんて千人に一人もいない時代です。私自身まさかこれが自分のビジネスになるとは思っていませんでした。ウインドウズ95が出たときに「井上さんは新しいビジネスに敏感だね」と言われましたが、そのときすでにパソコン歴は14年たっていましたので、どこが新しいんだと首を傾げた記憶があります。ビジネスはタケノコと同じで、地中から地面に顔を出したときにはすでに遅いのです。

起業家は数年後、十数年後にはスゴイことになるかもしれない。こういうビジネスに挑むべきだと思います。

このモノを使って何を作り出すか

最近、広告としてよく見かけるのは「ＡＩがビジネスを成功に導く」「メタバースを利用してビジネスを創造する」といったセミナーの宣伝です。

セミナーの先生には大変恐縮ですが、こういう「モノ」はビジネスになりません。もしあなたがコンサルタントならこうしたブームを利用してセミナーで集客し、お金をもらうことができるかもしれません。ただこれは一時的には儲かるかもしれませんが、永続的なビジネスにはなりません。数年後には「何それ、今さら？」となってしまうでしょう。なぜビジネスにならないかと言うと、これは「モノの使い方」の話だからです。モノの使い方というのは、例えば「ノコギリの使い方」「パソコンの操作方法」と同じ話です。だから使い方を知ってしまえば終わりになり永続的なビジネスにはならないのです。

ビジネスにおいては「このモノを使って何を作り出すか」を考えることが重要で

す。人は、これにどんな技術が使われているかなんていうものには興味がありません。ディズニーランドに行って「こんな最新の技術が使われているのか、これはすごいな、大変だっただろうな」なんて思う人はいないのです。

逆に言えば、新しい技術の出現は、アイデアがある人にとっては大チャンスと言えます。「僕がやりたかった新しいビジネスはコレを使えば実現できるぞ」といった具合です。

ちょっとわかりにくかったですね。つまり「新しい技術は今、みんなが困っていることを便利にするのではなく、自分のビジネスを創り出すために活用する」。これが成功するビジネスにつながるのだと思います。

好きな商売で起業する

「よし、これで起業しよう。自分が前からやりたかったことだし知識もある」こういう起業家は迷いがないのですが、起業するという強い意志はあるけれど、何をやるかということで悩む人もいます。今まで特別なことをしてきたわけでもない、新しいアイデアがあるわけでもない。こういう起業家は少なくありません。中には無理やり知識もノウハウもないのに世の中にないまったく新しいビジネスをスタートする人もいます。

それではダメです。なんて厳しいことを言いたいところですが、起業時のビジネスはそんなに深く考える必要はない気がします。別に目新しいビジネスでなくてもいいのです。投資家を募り、いきなり上場を目指すのでなければ、起業時の商売なんてなんでもいいんです。ラーメン屋でも運送屋でも土建屋でも成功する人は成功し、失敗する人は失敗します。ビジネスをスタートした後で、違うなと思ったら修正していけばいいのです。私自身、最初からクラウドシステムの会社を目指していたわけではなく、さまざまな偶然や社会環境の変化で今こうしているだけです。

ただひとつだけ守らなければならないことがあります。それは「あなたが好きな商売かどうか」です。前述したように、最初私はパソコンの消耗品などを税理士に売っていました。別にパソコンの消耗品が大好きで、トナーやインクをバンバン売りたかったというわけではありません。私は税理士にモノを売るのが楽しかったのです。税理士は、ある程度高額なものでも買ってくれるということもありますし、さまざまな会社の顧問をしていますから面白い話がたくさん聞けるということもあります。私は前職で税理士向けコンピューターメーカーに勤めていました。そのメーカーは、すごく高い価格でトナーを売っていました。そこで低価格でトナーを税理士に販売すれば儲かると思ったのです。

話をもとに戻します。起業するときにどんな仕事を選んでもいいのですが、先ほどお話ししたように「その商売が好きかどうか」というのは非常に重要なのです。「好き」にはいろいろなパターンがあります。ある商品に衝撃を受けてそれを売りたいというのもあるでしょうし、自分が考えた新しいビジネスを始めたいというのもあると思います。どういった「好き」でもかまわないのですが、とにかく好きなことをしてください。なぜかというと起業すると毎日休みなしで、サラリーマン時代の何倍も働かなければなりません。そんなときに、もし好きじゃないことを選んでしまったら、絶対に長続きしません。私は1年365日、毎日18時間以上働いてきました。なぜそんなことができたのかというと、好きだから働き続けられたのです。

好きじゃないと突き抜けられない

好きなことじゃないとなかなか突き抜けた仕事はできないものです。お金が儲かるから、身近にこのビジネスがあったから起業するというのも間違いではありません。ただ、どこかの時点で自分が好きなビジネスに変えないと、そこそこ暮らせるぐらいの成功で終わります。

成功者は、非常にマニアックな面、ある種の狂気を持った人が多い気がします。何時間でも何日でも何ヶ月でも調べたりチャレンジしたりしても苦にはなりません。疲れません。失敗してもめげません。

ある保険代理店で契約金額が何度も日本一になった人がいます。彼はとにかく保険についてはなんでも知っている人でした。その人は「僕より保険について詳しい人はいます。でもその人が絶対に知らない保険の話を僕は知っています」と言っていました。私も同様にコンピューターについて私より知っている人はいますが、その人が絶対に知らないコンピュータの話をすることができます。コンピュータービジネスでコンピューターの素人社長に私は負けることができないのです。プライドと言ってもいいのかもしれません。

もう一度言いますが、「好き」だから突き抜けた仕事ができるのです。そして突き抜けた仕事こそが成功するための第一歩なのです。

真実をつかむ

私はニュースや新聞は目を通すだけでまともには読みません。なぜならニュースや新聞で伝えているのは事実であって、真実かどうかはわからないからです。

ニュースでは政治家や有識者が「言ったこと」を伝えています。これは日本でも北朝鮮でも同じことです。ニュースは誰かが「言ったこと」を正しく伝えるのが使命です。間違ってはいません。ただ、それが真実かどうかはまったく別の話です。

日本人はニュースや政治家、行政の言うことを素直に信じる民族です。ある本によると政治家やマスコミが言うことを信じる人は外国だと2割程度しかいないそうです。会社経営は、政治家やマスコミを盲目的に信じてしまうと経営の舵取りが狂ってしまうこともあります。

昔、「リーマンショックは日本には何の影響もありません」と政治家が発言しました。「スマホが出てもまだまだ携帯電話の普及は続いていく」とある通信会社が発表しました。ニュースはこの発言を正しく伝えました。では真実はどうだったでしょうか。

手段に固執しない

第1章で「目的」「やらないこと」「目標」を決めたあなたは、自分の力をフルパワーで使い事業を伸ばしていってもらいたいと思います。ただ、そのときに注意しなければならないことがあります。それはやり方、つまり「手段」です。

あるラーメン屋は、毎日朝早くから仕込みをして、11時に開店。夜の10時まで営業します。夜中は、もっと美味しいものを作るために研究をします。お客様がいないときには店内をくまなく掃除します。ところがなかなかお客様が来てくれません。ただ自分のラーメンは広告しないと売れない不味いものだと思われるのが嫌で宣伝はしません。美味しいと言ってくれるお客様の口コミが増えることを祈りつつ、ひたすら美味しいラーメンを研究します。そして1年後、ラーメン店は倒産してしまいました。

目標を達成するために行うためのやり方が「手段」です。ここで失敗する社長は多いのです。なぜかというと、自分のやり方にこだわる人がすごく多いからです。起業家はやりたくないことはしなくてもいいと書きましたが、手段だけは別です。目的を達成するためにやりたくなくてもやる。どんなことでもする。これが重要です。

手段に固執する人は、たとえ最初はよくてもだんだん衰退していきます。そして最後に会社はなくなってしまいます。このラーメン屋が倒産してしまったのは自分の手段にこだわったからです。ダメなら考え方を改めればいいのです。そして「やりたくないこともする」「やれることはなんでもする」のです。開業してもお客様が来なかったら、駅前でチラシを配り、店の前では呼び込みをする。前職や昔の友だちに電話をかける、メールで店に来てもらうようにお願いする。SNSに毎日書き込む。とにかくできることはすべてやる。毎日やる。こんなことをしているのを友だちに知られたらカッコ悪いといった変なプライドもすべて捨てるのです。

ある事務用機器を販売する会社の社長にアドバイスを求められ、こういう風に販売してみたらいいんじゃないですかと提案しました。しかし、その社長は「飛び込み営業とか、そういう地べたをはいずり回るような営業は好きじゃないんですよ。僕はもっと高みを目指したいんでスマートにやりたいんです。問い合わせがあったら、うちのコンサルタントが説明にお伺いします。そこで当社の商品をきちんと理解してもらって買っていただきたいんです」。ほどなく、この会社はスマートに倒産しました。

ある居酒屋は百人近く入れる大きな店です。そこは美味しくて安いと評判でいつも大賑わい。しかしその居酒屋の社長はそれに慢心しません。毎朝、駅前で大声を出してチラシを配っています。「ランチやってますよ。安くて美味しいよー。夜は新鮮な刺身を出してるよー」と声をからして叫びます。社長はやりたくてやっているのか。たぶん、そうではありません。彼はお客様が来てくれないときの記憶、お金がなくて困り果てたときの記憶があるのです。目的達成のためには、やりたくないこともやる、やれることはなんでもやる。それが起業です。

先ほどお話ししたように私は夜中に原付バイクで365日ポスティング、ほとんどすべての家やマンションにチラシを配りました。しかし全然売れません。そこで一軒家には扉の前にサンプルを封筒に入れて置くことにしました。扉が開くとパタンと倒れるように置いたのです。今ならもちろん不法侵入です。ライトに照らされ、犬に吠えられ、それでもやめませんでした。もちろん、そんなことをやりたいわけではありません。お金も尽き、当時の私にはそれしか方法が思いつかなかったからやっていただけです。「井上の会社潰れたんだって。でかいことばっかり言ってたけど結局ダメだったな」「金返せよ。この泥棒野郎」と言われるのが嫌でした。だからやれることはなんでもやりました。

目的は自分が生きている証と書きました。これはブレてはいけません。しかしこの目的を達成するためのやり方「手段」に対するこだわりは捨ててください。自分がやりたくないことでもなんでもやる。知恵を絞る。朝から晩まで働く、勉強する、遊ばない、休まない。起業してビジネスを軌道に乗せるまではなんでもやるのです。

変なプライドを捨てる

人間は、みんなからすばらしいと言われたいものです。カッコイイなあ、あの人みたいになりたいなと言われたいものです。この変な憧れ、プライドが会社経営を失敗させることもあります。

ある社長は渋谷で起業しました。私はどうして渋谷なんですかと聞くと「僕は渋谷が好きなんですよ。いつか渋谷で会社を立ち上げたいと思っていたんですよ」と言います。私は起業したときはお金があまりかからない、自宅や地方のマンションでもいいんじゃないですかとアドバイスしましたが聞く耳を持ちません。その後すぐ、彼は渋谷にビルを借り、異業種交流会やさまざまな社長の会に出て名前を売り有名人になりました。そして1年後、会社は倒産しました。

ある社長は地方都市で花屋のチェーン店を経営しています。毎朝午前3時に市場へ花を買いに行きます。冬場は0度近い水の中に何十回も手を突っ込むのだそうです。その後、チェーン店に花を届けに行きます。お彼岸や母の日など花の需要が多いときには、スーパーの前でチラシを配っています。また、ある葬儀屋の社長は、365日24時間体制で働いています。空いた時間は寺で墓石を磨きます。寺の住職に気に入ってもらい葬儀を任せてもらいたいためです。そんなの社員にやらせればいいと思うかもしれませんが、社長がやることに意義があるとおっしゃっていました。

カッコ悪いことはやりたくない、これは面倒くさいからやりたくない。最新のカタカナ用語を使い、今、世界がどうのこうのとデカい話をし、抽象的な話で自分の頭のよさをひけらかす。経験上、こういうカッコいい社長はすぐにいなくなっちゃうんです。

人に優しく

世の中には不思議なほど人に威張る奴がいます。人間というのはある程度成功すると、自分が偉くなったと勘違いするのか、あるときから突然威張りだす人がいます。また役所の平職員ですら民間の人がペコペコ頭を下げるためか、上から目線の人がチラホラいます。「俺はお前なんかとは身分が違うんだよ」ということなのかもしれません。

昔テレビで「探偵物語」というドラマがやっていました。ドラマの中で主演の松田優作が、若い店員の対応が悪いと店員の頭を叩きました。このシーンはドラマとは直接関係のない部分なのですが、最終話に松田優作はその男に突然ナイフで刺されます。男は薄笑いを浮かべそのまま逃げ去ります。

お金を払うんだから、大企業だからと、下請けや零細企業に威張り散らす人や上から目線の人がいます。もしあなたが事業に成功し、大金持ちになったとしても絶対に横柄な人間になってはいけません。常にありがとうの気持ちを忘れないことです。別にいい話をしたいわけではありません。威張れば威張るほど敵が多くなるからです。威張る人は威張られる人から恨まれる可能性が非常に高くなります。恨みというのはマイナスのパワーが非常に強いのです。あなたを恨んだ人はことあるたびにあなたを失敗させようとします。もちろんあなたは成功から遠ざかるでしょう。人からの恨みは絶対に買ってはいけないのです。

会社経営は永遠に続く仕事です。将来いつかまた仕事で出会うこともあります。知り合いの知り合いが友だちかもしれません。先方の会社が大きくなりあなたが仕事をもらう立場になるかもしれません。時代の寵児ともてはやされた社長を何人か知っていますが、横柄な人は全員いなくなりました。

私は毎日10回以上、ありがとう、すみませんという言葉を使います。スーパーやコンビニでも店員さんに感謝の言葉を伝えます。私がいい人だからではありません。10年後、20年後、この店員さんが私の商品を買ってくれるお客様になるかもしれません。バイトの学生が大成功して当社と提携するかもしれません。未来は誰にもわからないのです。

お客様とつながっている会社は強い

よく聞く話ですが、私は営業が得意じゃないから営業は販売店にやってもらっています、当社は営業会社に委託していますと言う社長がいます。営業を自社で行わないというのは、最初はいいかもしれませんが将来を考えると早期にやめたほうが賢明です。会社経営は、どれだけ会社とお客様がつながっているかが重要だからです。昔は当社も販売店さんにお願いして売ってもらっていた時期がありましたが、今はほぼ自社だけで販売しています。

今から30年前、当社はあるソフトメーカーの販売店でした。当社は、そのソフトしか売らなかったので知識やサポートがいいと評判になり、多くのお客様が当社からソフトを買ってくれました。ただ販売店は当社だけではありません。全国に多くの販売店があります。時がたつに連れて各販売店がどんどん安売り競争をしてきました。そのため利益はどんどん少なくなっていきました。このままではジリ貧になってしまいます。そこで「当社はさまざまなメーカーの商品をサポートなしで安売りする他の販売店とは違います。貴社のソフトだけを売っている専売店です。これでは貴社のソフトを売り続けることはできません」とメーカーの社長に泣きつきました。しかしメーカーとしては販売店がいくらで売ろうが自社に入ってくるお金は同じということでこの社長は何もしてくれませんでした。

当社が、ソフトウェアメーカーになったのはそのためです。いくら売っても利益にならないようなソフトはやめ、当社自身がメーカーになろうと思ったのです。その1年後に自社ソフトが完成し、前のソフトを買っていただいたお客様のところへ一軒一軒訪問し買っていただきました。当社はサポートも含め、お客様とつながっていたので新しいソフトを出しても買っていただけたのです。ビジネスというのはお客様と商品がつながっているわけではなく、お客様とあなたの会社がつながっているのです。蛇足ですが先ほどのメーカーは当社が売らなくなったために倒産してしまいました。

お客様が求めているもの

先ほど、当社が扱っていたソフトは他の販売店も売っていたと書きました。他社は2割引、3割引で売っていました。では、そのソフトを当社はいくらで売っていたかというと定価です。しかし全国シェアの7割は当社が販売したものです。まったく同じ商品を売っているのになぜこれだけの差があると思いますか。

それは信頼の差です。ライバル会社は安い価格で販売していましたが知識もなく、サポートもありません。当社は定価で販売していましたが、知識もありサポートもちゃんとしています。当社の社員はみな簿記の資格を持っていますし、パソコンの知識も豊富です。別に変な自慢をしたいわけではありません。税理士はパソコンに対して懐疑的だったことと税理士事務所にとって便利かどうかなどチェックポイントが多いので、こうしたほうが売れると思ったからです。もし価格だけで買うお客様が多ければ、私も安売り戦争に参加していたかもしれません。

場合によっては、職員に説明したり、訪問して質問に答えたりするので、購入していただくまでに数年かかることもありました。こうしたことをずっと繰り返していたため、いつのまにかお客様と信頼関係ができていったのです。ビジネスというのは商品のすばらしさをアピールする前に会社がお客様から信頼を得ることが重要なのです。

起業家に無駄は許されない

起業するとさまざまな会合に参加しなければならない場合があります。意味のある集まりもあるのですが、本業とは関係ない、くだらない集まりがほとんどです。

特に時間の無駄なのは経営者の集まりです。肩書だけで仕事はほとんどしない社長やいつも販売先を探している社長ばかりが集まる異業種交流会。先代からの引き継ぎで出ている地元の経営者クラブ。こういう集まりは時間の無駄なのはもちろんですが、レベルの低い人と群れることでモチベーションも下がります。

つまらない人からすぐれた人につながることは、滅多にありません。

起業家にとって無駄な時間は一切ないのです。

会社のお金がなくなる理由

上場を目指すのでなければ、普通100円で仕入れて80円で売るなんていう会社はありません。だから会社というのは必ず黒字になるはずなんです。しかし赤字になる会社がありますよね。それはなぜかというと人を雇っているからです。あなたが稼いだお金は、社員の給与やアルバイト代、社会保険料などで、みるみるうちになくなっていきます。

「うちはバイトも社員もいないけど赤字です」という人もいると思いますが、あなたの役員報酬も経費なんです。そういう人は役員報酬をもらわないで、1日中働き続ける必要があります。あなた自身が赤字の元凶だからです。役員報酬はビジネスが軌道に乗るまで生活ができるギリギリまで下げる必要があります。

人件費の次にかかる費用として一番大きいのは家賃です。最初は実家か安いアパートにしたほうがいいでしょう。会社が軌道に乗ってもなるべく家賃が安いところを選んでください。多くの社員を雇うためには、広い事務所が必要になってきます。広い事務所になると家賃もかなりの額になります。机やパソコン、事務機器も買いそろえなければなりません。また会社が儲からないからといってすぐに安いビルへ引っ越しすることもできません。人件費と家賃は会社のお金がなくなる理由の1位、2位です。

現在は過去の延長線上にある

卒業したての学生やサラリーマンを長くやっていた人が、経営につまずく理由に「正解を探す」ということがあります。学校の試験には必ず正解があります。サラリーマンにとっては上司が言うことが正解です。しかし会社経営に正解はありません。選択肢として1番2番3番があるだけです。あなたはこの中からどれを選ぶのかということです。

会社経営と人生は似ています。今あなたがそこにいるのは、あなたが子供の頃から選択してきたことの集大成なのです。もし今あなたがあまり幸せでないならば、あなたの選択が間違っていたということ。あなたは選択を変えなければなりません。何かを自分の中で変えなければ未来は今と同じになります。

現在は過去の延長線上にある。

未来は現在の延長線上にある。
そして未来を選ぶのはあなた自身。
このことを肝に銘じてください。

Column

「起業家」もさまざま

起業家はみんな同じだ。みんなお金がなくて苦労しているんだ。頑張っているんだ。そう思うかもしれませんが、実はそうでもないのです。起業家といっても事情はさまざまです。

親がビルを持っているお金持ちの起業家もいます。お金に困るたびに叔母さんに電話して１０００万円ずつお金をもらっている起業家もいます。祖父が市長だったので、そのコネで仕事をもらっている起業家もいます。親や親戚のお金で何とか会社が10年20年持ちこたえている会社の社長もいます。起業してから一度も黒字になったことがないのに偉そうな顔をしている上場企業の社長もいます。

ひと言で、起業家といってもさまざまな人たちがいます。あなたは老舗企業や大企業だけでなく、こういった起業家とも戦わなければならないのです。

不公平だと思うかもしれませんが、これが現実です。しかし、恵まれているからといって成功するかどうかはまた別の話です。

あるとき、知り合いの上場企業の社長が渋谷で起業家パーティを主催し、私もオブザーバーとして出席しました。彼のように上場して成功したいという起業家が20人ほど集まっていて、みんな目を輝かせていました。彼らと会話を交わしてみると起業家といってもいわゆる「いいとこのお坊ちゃん」が多く、大企業の専務の息子とか、親父にお金を出してもらって会社を作ったという人ばかりです。パーティが終わる頃、主催した社長にそっと「この中の何人が倒産しないで残りますかねぇ」と耳打ちしました。すると彼は「たぶん2、3人じゃないですか」と答えました。私も同意見でした。

たとえ起業したときに他の人より優位に立ったからといって、そのまま成功の階段を歩んでいけるほど経営は甘くありません。今、あなたがもし何もなかったとしても才能や努力で彼らに勝つことはできるのです。

第3章

失敗しなければ成功する

成功に方程式はない

今までさまざまな業種のたくさんの社長たちと会ってきました。成功した社長もいれば、倒産した社長もいます。私は成功した社長からは経営のヒントがもらえるんじゃないかと特に注意深く話を聞きました。ところがみなさん、言うことがバラバラでこれが成功の秘訣だと思えるような成功者の共通点、これが正解だというようなものは見当たりません。経営コンサルタントには、これが成功の方程式だとか成功するためにはこのフレームワークに沿ってやらなければだめだ、なんて言う人もいます。

しかし実際には成功の方程式とは関係ない破天荒な人が成功していたりするわけで、成功者というのは千差万別と言えます。会社の財務内容なんてまったく考えないで売上だけをガンガン上げて成功した社長もいますし、社員と話し合いながらみんなで頑張って成功したんですよという社長もいます。だから成功の方程式というのはただの都市伝説ではないかと思います。

逆に倒産した人、失敗した人というのはパターン化されています。こんなことやったらだめだよなと思った人たちは、私の周りから必ずいなくなっています。つまり成功した社長の経営の仕方はさまざまですが、失敗した社長の経営の仕方はみんな同じということです。逆に言うと失敗した社長の逆をやれば成功すると言えるのかもしれません。

ここで学んでもらいたいのは「失敗」です。経営判断に失敗しなければ、会社はいつのまにか成功してしまうのです。「俺は慎重だから失敗なんかしないよ」と言う声が聞こえてきそうです。いえいえ、そんなに甘くありません。誰も失敗しようと思って失敗する人はいません。あなた自身の問題ではなく、周りの人、いろいろな事情によって失敗してしまうこともあるのです。

知り合いを雇わない

会社経営が順調にいって、ようやく人を雇えるほどになりました。しかし小さな会社には求人してもなかなか人が集まりません。ならば気心のしれた知り合いや前職の後輩、学生時代の友人に声をかけてみようか。という誘惑に駆られるかもしれません。

結論から先にいうと、絶対に雇ってはいけません。社長というのは唯一無二の存在。あなたの気持ちをわかってくれることはないし仕事に対する熱意も違います。そのうえ、あなたが期待しているほど仕事ができません。そしてあなたに対して甘えも出てきます。他の社員と俺は違うんだと。会社の状況がいいときは、みんな笑顔で働いてくれるのですが、経営が逼迫すると彼らは豹変します。なんで社長が悪いのに、給与が下がるんだ。駅前でチラシ配りなんてやりたくない。彼らは「あなたのために働いてあげているんだ」という意識がなかなか抜けません。

私は起業してしばらくしてから前職の先輩を雇ったことがあります。儲かっていなかったのでたいした給料を払うことはできませんでした。ある日、お客様から電話がかかってきたので先輩に訪問してきてくださいと言うと「今日、疲れちゃったから井上が行ってきてよ」と言われました。

その後も友人や先輩、後輩を何人も雇いましたが、結果は言うまでもなく惨敗です。使えない知り合いを首にするのはつらい仕事です。これで縁が切れてしまうこともあります。私の周りにも知り合いを雇った人は多いですが、うまくいった人はほとんどいません。

計画通りに事は運ばない

私が新規事業を行う場合には、すべてに2倍かかると考えて行動しています。お金、時間、人。あれが必要だった、これは考えていなかった、急用ができて作業は一時ストップ等、必ず何らかのトラブルや遅延が起こってなかなか計画通りには進みません。特にお金は必ず余裕を持っておきたいものです。計画すべてがダメになってしまうからです。また経営者に特有の「自分の考えが変わる」なんていうこともあります。

外注先に必要な3つの条件

大きな会社ならば社内にさまざまな分野の専門家を雇うことができますが、起業したてや小さな会社の場合、そういうわけにはいきません。そこで他社に外注することになるのですが、ここに大きな罠が潜んでいます。

今まで30年以上会社を経営してきましたから、お客様からお金を払ってもらえないこともありましたし、社員にお金を持って逃げられたこともありました。しかし、それらをはるかに超えて一番金額が大きい損失は外注先がちゃんとしたものを納品しないことです。途中で仕事を投げ出す。粗悪品を作り上げる。連絡しても返事が来ず逃亡。社長が死んで倒産。そのたびに私はお客様に頭を下げたり、無駄なお金を払ったりと厄介事に巻き込まれました。

「そんなことあるの？　きちんと納品されたらお金を払えばいいんじゃないの」「裁

判で訴えたら」と言う人もいると思います。外注に頼むということはそんなに甘い話ではないのです。変な外注先に頼んだために会社がなくなるなんていうことは普通にあるのです。

そのため外注先は本当によく考えて依頼する必要があります。外注先に必要な条件は大きく分けて3つあります。

仕事にストイックな人

とっつきやすい人や話しやすい人をいい人だと勘違いしてしまうことがあります。また友人から紹介されたから大丈夫などと思ってしまうこともあります。これらは大きな勘違いです。まず重要なのは外注先の社長や担当者が仕事に対してストイックな性格の人かどうかです。こういう人は仕事を受注する前に仕事内容についてたくさん質問をします。わからないことがあるとすぐにメールや電話が来ます。お酒を呑みに行けば自分の業界の話や仕事の話をします。ストイックな人とは仕事に対してプライドがある人と言い替えることができます。

逆にストイックでない人は呑み会で仕事の話をすると「お酒の場で仕事の話はヤボですよ」なんていう話をする人です。呑み会が終わればもちろんスナックやクラブ、キャバクラに連れて行ってくれます。この違いは何かというと仕事を芸術だと思う人とお金をもらうためだと思う人の違いです。

腕が確か

外注先がどのくらいの技量を持っているかは知りたいところです。いくらやる気があっても技量が低ければ何をやってもうまくいくことはありません。大手企業の仕事を、ここもやったあそこもやった。シリコンバレーにいたことがあると聞いたので仕事ができるのかと思って依頼しましたが、口先ばかりで中身はスカスカでした。また某大企業のプロジェクトに参加したと言う人もいました。どんな人かと思いその人と仕事をした人に聞いてみると、笑いながら「あの人は仕事ができないからマニュアルの作成だけをやってもらったんですよ」。とのことでした。

どこでどんな仕事をしたのかだけでは技量は評価できません。では何を聞いたらいいかというと「自慢話」です。腕が確かな人、仕事ができる人はみな「武勇伝」を持っています。納品日に間に合わせるため重さが20キロのレーザープリンターを持って田んぼの畦道を2キロ歩いて納品した。会社が10階建てのビルに引っ越したときに、すべての階の会社に挨拶に行って全部の会社から保険契約をもらった。こんなにすごい話でなくとも技能がすぐれた人はそれなりの武勇伝を持っていると思います。

経営能力が高い

いくらストイックで、腕がよくても経営能力が低い会社は、途中でなくなってしまうかもしれません。外注先は、たとえ知り合いからの紹介でも帝国データバンクで調べましょう。上場会社でも赤字の会社なら依頼しないことです。会社が売却された場合、契約や約束が反故にされてしまう可能性があるからです。

フリーランスならば、どんなお金の使い方をしているかをそれとなく聞いてみましょう。キャバクラや風俗好きならアウトです。あなたのお金は、そこで働くホステスに流れていくだけです。私にも苦い経験があります。ある社長は人柄もよく、社員たちは技術力もあるソフト会社でした。ただ気になったのが、社長のお金の使い方なのです。井上さんの仕事をやるために都内の一等地にあるビルの一室を借りましたとのこと、私は「敷金、礼金入れたら数百万円になりますよね。しかも毎月の賃料も数十万円ですよ。ソフトの開発をするだけなら賃貸マンションを何部屋か借りれば済むことですよね」。とアドバイスしましたが、いや大丈夫です。社員にはいい仕事をしてもらいたいのでいい環境を作りたいんです、とキッパリ。この社長はできない社員にもたくさん賞与を払います。コロナ騒ぎで仕事がなくなったときには行きつけのスナックのママも雇いました。そして1年後、彼は私の前に現れました。「すみません、お金がなくなっちゃったんで、これ以上ソフトを作れないんです。完成後にいただける4000万円を今いただけませんか。銀行からも融資を断られまして」と泣きついてきました。

そんな会社は、訴えてしまえばいいじゃないかという方もいらっしゃると思いますが、訴えても無駄なのです。裁判では勝てると思いますが、裁判で勝つこととお金が返ってくることは別です。経営能力のない会社、社長がお金にだらしない会社というのは、そもそもお金がないので回収することはできません。裁判に勝ったところで、裁判費用や弁護士費用が余計にかかり、損して終わりということになります。

ある会社からは先払いでお金を支払ったのに「完成したけど次の注文をくれないと商品を渡しません」と言われたことがあります。また「仕入れがある商品なので先払いでお願いします」と言われ、お金を支払いましたが突然連絡がつかなくなって後から倒産したと同業者から聞きました。もちろん買った商品は届きません。いくらストイックでも卓越した技能を持っていても、経営能力が低い人に頼むのだけはやめておいたほうがいいと思います。

外注してはいけないもの

ここまで外注先の選び方を学んだと思いますが、そもそも、なんでもかんでも外注すればよいというものではありません。外注には「してよいもの」「してはいけないもの」があります。外注してはいけないのはノウハウが貯まるものです。自分でこの仕事をすると決めたらコアな部分や将来ノウハウが必要になってくる部分は外注せずに自分でやるべきです。

例えばあなたは造園業を営んでいたとします。サイトの作成は本業とは関係ない部分ですから外注で問題ありません。カットした木の枝の廃棄も本業とはあまり関係ありませんからこれも外注でいいと思います。しかし植木を切る作業だけは外注してはいけません。あなた自身が行う必要があります。

もしここで植木を切る部分まで外注してしまうと、あなたは管理や営業だけを受け持つことになります。するとある日、外注先があなたと同じ造園業を始めました。さあどうなるでしょうか。あなたは植木を切ることができませんし、得意先はいつも来る植木職人とは顔なじみですがあなたのことは知りません。あなたはすべてを失うのです。

大企業との取引は要注意

起業して数年たち信用がついてくると他社との事業提携やアライアンスという話も出てくるでしょう。こういういい話もあなたのビジネスをストップさせる厄介な敵になるかもしれません。

大企業から問い合わせがあり、お伺いして話を聞くと当社にピッタリの仕事です。これはいいと仕入先や流通会社などに連絡し、準備万端に整えます。しばらくしてあなたのもとに一本の電話がかかってきます。「すみません、あの話はなかったことにしてください」。

大企業でよくあるのが社内の事情が変わったというものです。契約した後ならいいのですが大手の場合、商品や仕組みが完成してから契約という流れになることがほとんどです。当初、先方の担当者と話が進み、こういうものけどうだろう、これは作れますかという話になり、サンプルを作ったり、テストを行ったりします。市場調査をすることもあるでしょう。担当者もこれなら行けると上司から許可をもらいます。ところが契約する寸前になって突然連絡が来ます。「すみません。親会社から新しく来た社長にダメだと言われまして」。今まで費やした時間、労力、お金はこの一本の電話ですべて終わります。

大企業というのは、起業家や中小企業は自分たちの指示には無条件で従うものだと思っています。我々がどんなに苦労をしたのか、どんな被害を被るのか、なんていうことは一切考えません。

なぜそんなことが起こるのでしょうか。それを知るには大企業というものを知る必要があります。大企業で新プロジェクトがスタートし商品を販売することになったとします。さて、そのプロジェクトに参加している社員が一番大切なものは何だと思いますか。それは自分の身を守ることです。彼らにとってはプロジェクトが成功するかどうかはどうでもいいのです。

ある大企業で健康食品のプロジェクトがスタートしました。担当者は数億円の予算を使って宣伝や広告をしましたが、あまり売れなかったために社長がそのプロジェクトを突然中止にしました。このプロジェクトに参加した中小企業は大変です。

突然中止になってしまったため販売会社はお客様の家に出向き一軒一軒頭を下げて周りました。定期契約したお客様からのクレームには1年以上対応し続けました。ではそのときの大企業の担当者はどうかというと、何事もなかったかのように前にいた部署で働いていたそうです。彼としては会社が決めたことだから自分に責任はないと思っているのです。

大企業に勤めている人が一番重要だと思うことは社内規定や稟議です。会社が決めたことをきちんとやっていれば、たとえプロジェクトが失敗したとしても何のおとがめもありません。しかしプロジェクトが成功したとしても社内規定に違反していたり稟議を守らなかったりすると担当者は責任を取らされてしまいます。こうした大企業のルールをあらかじめ知っておくと大企業とのやり取りもスムーズになります。

この話を聞いて、もともと大企業に勤めていた人はそんなことは当たり前の話だと思うでしょうが、ずっと中小企業に勤めていた人や起業家はどうしてプロジェクトがなかなか進まないんだろう。どうしてこんなこともダメなんだろうと首を傾げます。大企業とビジネスをする場合には、その会社の仕事の進め方や誰がキーマンなのかをきちんと把握してから進めてください。

大企業だけでなく行政も同じです。方針が変わりました。担当者が異動になりました。と言われて終わりです。彼らは責任を取らないのです。というより行政はそもそも責任があるとさえ思っていません。私自身、行政から依頼され何ヶ月にもわたってあることを調べて資料を手渡すと担当者から「ありがとう」と言われて終わったケースもあります。えっ共同事業じゃなかったのかとそのときにはじめて気づきました。国や行政とのアライアンスや共同事業も大企業と同様、先方の事情でコロコロと変わることを頭に入れておいてください。決して深入りしてはいけません。

宝箱はやってこない

30年も会社を経営していると何億円も儲かってしまう話が何回もやってきます。最初はそれを真に受けて真剣に頑張りましたが、だんだんそんなうまい話はやってこないということに気づきました。だから最近はああそうですか、それはすごいですねと流しながら話を聞いています。たくさん儲かる話というのは、山のようなもので高ければ高いほど裾野が広くなっていくのです。それに群がるライバルたちも多くなってきます。起業家や中小企業にそんなにいい話がやってくるはずがありません。

私の友人で何億円も儲かるという話があり、彼は長野県に行きました。結局彼は2ヶ月間、長野県のホテルに泊まり込んで仕事をしましたが、結局いいところは大企業に持っていかれ、残りの少ないお金をみんなで分けたそうです。ホテル代にもならなかったと彼は嘆いていました。

起業するとあなたのところへ「おいしい話」がやってくると思います。

「商工会議所の会員がすべて導入してくれる……」

「大手メーカーが全額負担で……」

「国の助成金が◯億あまっていて……」

「知り合いの国会議員からの情報によると……」


私のところにもこういう話はたくさん来ますが、まず決まったためしがありません。また、こういううまい話にすごくのめり込み倒産する会社は少なくありません。大儲けの話に引っ張り回されたあげく1円にもならなかったという社長をたくさん知っています。

すごく儲かる話というのは徳川の埋蔵金や難破船の宝箱みたいなもので、あるようでないもの。大きな話になればなるほど、その宝箱を目指してたくさんの会社が群がってきます。そして宝箱を開けてみるとそこには何もないのです。起業家はこういった話に踊らされず本業を地道にやるべきだと私は思います。

仕入先とは良好な関係を築く

仕入先に無理を言ったり、値引きを強要したりする社長がいますが、こういう行為は限度問題です。仕入先はあなたの奴隷ではありません。あなたのパートナーです。常に仕入先とは良好な関係を作っておく必要があります。たまに先方を招いてお酒を飲み行ってもいいでしょう。仕入先にいつも無理難題を言っていたら本当に困ったときに助けてもらえなくなります。昔、京都へパソコンを納品に行ったときにディスプレイが間に合いませんでした。困り果てて仕入先の社長に話をしたところ、それならと仕入先の社長がその日のうちに新幹線でディスプレイを東京から京都まで持ってきてくれました。新幹線の料金を考えたら赤字のはずです。良好な人間関係を作っておくことは経営には欠かせないと思います。

仕入先は複数と付き合う

仕入先が倒産してしまい大変なことになった、というのはよく聞く話です。資金繰りに困って先払いでお願いしますと言われ、料金を支払ったものの商品が届かないということもあります。私も印刷物を一任していた広告会社が倒産しすべてのカタログやチラシを作り直したことがあります。印刷データだけでも欲しかったのですが電話をかけても鳴りっぱなしの状態なのであきらめました。

故に仕入先はひとつではなく複数のところと付き合っておいたほうがいいでしょう。会社というのは外からは順風満帆に見えても、本当のところはわかりません。ですから、いつ仕入先が倒産してもいいように準備はしておかなければなりません。

困ったお客様は切り捨てる

大企業に勤めていた方にはわからないかもしれませんが、お客様は請求書を送ったからと言って、お金を支払ってくれるとは限りません。商品を納め、お客様も納得し、いざ請求書を送ります。しかし、いつまでたっても入金されません。こういうことは、よくある話です。単に忘れているだけならいいのですが、そもそも支払う気がないお客様もいます。葬儀社や結婚式場が前払い制なのは、お金を払わないお客様が多いからです。

また少数ですが変なお客様もいます。ささいなことでクレームや嫌がらせをする人もいます。ゴールデンウィーク中に休むとは何事だと1時間もクレームの電話をかけてきたお客様もいました。私は社員からこういう困ったお客様について相談された場合には、そのお客様をすぐに切り捨てます。社員がその人のために仕事が憂鬱になり、仕事の効率が落ちるのは会社のためにもいいことではありません。社員は、その判断ができません。お客様を切る判断をするのは、トップであるあなたの仕事です。

販売店は必ず売るわけではない

起業家や中小企業の社長がよく言うのは、「販売店を募って当社の商品を販売店に売ってもらいます。全国に販売店を作れば、一気に全国展開できるんです」という話です。これは完全に間違いです。

販売店はあなたの商品を自社の顧客に売ることになります。ですからあなたの商品が本当に魅力的で簡単に売れるようなものなら扱ってくれるでしょう。しかし、あなたの会社ですら売れないような商品なら取り扱うことはありません。また販売店がたとえ取り扱ってくれたとしても、今度はその会社の営業社員が売るかどうかはわかりません。今、メインで売っている商品があるはずですから、その時間を削ってでもあなたの商品を売りたいかどうかということになります。

人間は変化を嫌います。今売っている商品を今まで通りに売りたいのです。新しいものなんてよっぽど楽に売れるものでなければ売りたくないのです。

また販売してもらいたいと来るメーカーはたくさんありますから、その中であなたの商品のほうが魅力的なマージン設定になっていなければなりません。当社も昔、全国に百社ほど販売店を作りましたが、結局まともに売ってくれたのは2、3社でした。

また先ほどの仕入先同様、販売店の経営状態についても常に目を光らせてください。当社でも販売店が倒産し、在庫として先に送ったものがすべてなくなっていたこともあります。売掛金がすべて吹き飛んだこともあります。特に仕入れたものを販売店に売る場合には要注意です。知り合いの会社で、数百万円分のパソコンを売った販売店が倒産しパソコンもお金も回収ができなかったそうです。起業家ならすぐ倒産です。

売上は分散する

文具の組み立て工場を経営している社長がいました。大手企業3社から仕事をもらっているために仕事は安定しています。長い付き合いなので信頼関係もできていて支払いも納品もスムーズです。

そんなときに1社が倒産してしまいました。彼はアルバイトの社員に何人か辞めてもらい事業を継続しました。ただ利益はほとんど出なくなってしまいました。そしてその後、また1社が倒産してしまいました。もうこれでは会社をやっていけないと彼は会社をたたんで引退してしまいました。売上が一部の企業に偏ってしまう下請け仕事というのは、非常にリスキーなビジネスです。いちいち営業することなく、定期的に仕事がやってくるので安定はしているのですが会社が元請け会社と運命共同体になってしまうのです。売上が同じ業界の会社ばかりというのは危険度がさらにアップします。世の中の仕組みや法律が変わったときに業界すべてが危機に陥ることがあるからです。

こうした下請け仕事に限った話ではありませんが、売上は少なくとも10社には分散したいところです。もったいない話ですがあえて、他社と共同で受注するといったことも考えてください。

俺は売れると思っているあなたへ

起業家とサラリーマンの違いは単純にいうと固定給と歩合給の違いです。起業したら自分で稼がなければお金が1円も入ってこないということです。

よくサラリーマンの人で　俺は前の会社では営業がトップだった。売ることには自信がある。1億円も利益を上げていたんだと自慢する人がいます。では会社を辞めて起業したらその人は1億円を稼げるでしょうか。そんなに起業は甘くありません。たった1万円稼ぐのがこんなに大変なのかと実感するのではないでしょうか。今までは前職の企業の看板があったからあなたは売れたのです。しかし前職の看板がなくなったとたんにあなたは肩書がない、一個人に戻るのです。

私自身も前職は名前の通った会社だったので、飛び込み営業でお客様のところに行っても嫌がられることはありませんでした。しかし起業した途端、新規のお客様はもちろん、今まで親しく付き合ってくれていたお客様でさえ冷たい対応になりました。お客様はあなたの前職の会社を信頼していただけで、あなたを信頼していたわけではなかったのです。

テイカーにご用心

私はあまり「この人はこのタイプだ」と決めつけるのは嫌いなんですが、世の中に「テイカー」と呼ばれる人はたしかにいるんですよね。テイカーとは、自分の利益だけを考える人のことです。私は完全にギバーなのですが、心のどこかで見返りを求めてしまう気持ちがないわけでもありません。ただ何も戻ってこなくても別に気にすることもなく忘れてしまいます。

テイカーというのはどういう人かというと、あなたを利用してタダで働かせる人、自分の利益だけをまっすぐに考え、人はどうなったって関係ないという人です。自分のためにタダで働いてくれる人をいつも探しています。

マーケティング心理学に「返報性の原理」というものがあります。人は何かしてもらうと、借りを作った気持ちになり、何かその人のためになることを返そうとするという理論です。プレゼントをもらったらプレゼントを返さないと悪いなぁと思う感覚です。しかしテイカーには、この法則が通じません。「ありがたくもらっておくよ」で終わりです。

嫌な奴なら付き合わないんですが、そうでもないのが困ったところ。彼のために経営アドバイスはもちろん、サイトを作ってあげたり、チラシの文章を書いてあげたり、人を紹介してあげたりしましたが、何かひとつでも戻って来ることはありませんでした。感謝はしていると口では言うんですけどね。

たちの悪いテイカーになると「これがうまくいったら君もビジネスになるよ」と

言葉巧みにあなたを巻き込み、仕事をあなたに全部任せて逃げてしまう人もいます。実際に私は、お金は1円ももらっていないのに仕事をさせられている人を知っています。この人はテイカーかもしれないと気づいたら、とにかくすばやく逃げることです。顔も広いし付き合っていたら、いつかいいことがあるかもと思ってはいけません。絶対にそんな日は来ないのです。

性格や得意によって経営の仕方は異なる

私の知り合いに上場コンサルティング会社の社長がいます。彼は営業力があるものの売上がなかなか伸びません。ある日、その社長は「そろそろ会社をたたもうと思っている。月々7万円の顧問契約をしている会社が20社あるんだけど、そのうちの半分はお金を払ってくれないんだよ。コンサルティングを受けたけど上場なんて全然見えてこないってね。だから今、お金を払ってくれているのは10社だけ。だから売上は70万円しかない。家賃やアルバイトにお金を支払ったらお金はほとんど残らないから、もう会社をやめようと思っているんだ」と言います。そこで私は彼に「だったら月額の顧問契約ではなく5年間の継続サポートにして300万円で売ったらどうですか」と提案しました。彼は「おいおい、だって月々7万円だって払ってくれない会社があるんだよ。コンサルティング料金が300万円ですなんて言ったら絶対売れないよ」。私は「だってもう会社やめるんだったらいいじゃないですか。とりあえず３００万円にして売ってみてくださいよ。それでダメだったら会社をたためばいいいんじゃないですか」とアドバイスをしました。そして数ヶ月。この３００万円の新商品が売れまくり、社長は会社の利益が数千万円も出てしまったため税金対策に追われていました。

私がなぜ彼に単価を上げたらいいとアドバイスしたかを解説します。

この場合、彼の「商品」がひどいのかというと継続してお金を払ってくれる会社が10社ありますから商品力はそこそこあります。最初に書いたように彼に営業力はあります。そう考えるとこの問題の答えは価格が安すぎることです。だから３００万円で販売したらどうかという提案をしたのです。営業力がある人は高額な商品でも売ることができます。もし彼の営業力が低ければ、この提案はしませんでした。ただこの方法が成功するかどうかは商品に３００万円の価値があるかどうかなので、私も絶対の自信があったわけではありません。

ではもし、この人に営業力がなかったら私はどうアドバイスするかというと、今のお客様には継続してサポートを行い売上確保。新規顧客へは教育商材としてネット販売。月に1回個別オンラインミーティング。オンラインサロンの開催。そうすると家賃とアルバイト代が不要になります。これなら生活に困ることはないでしょう。

事業というものは、たとえ同じビジネスでも、人によっても環境によってもスキルによっても変化します。他社の成功例や、本やセミナーで得た知識で、これはいいぞと真似してみてもうまくいかないのは、「今の自分」に合っていないからかもしれません。

死ぬほど働いた人には味方がやってくる

起業家に会社はどうですかと聞くと「ほとんど寝ないで頑張っています」「休みなんて全然とらずに毎日仕事しています」なんて言う起業家がいる一方、「自分のペースでそこそこ頑張っています」と言う起業家もいます。

残念ですが、できる限り頑張りますとか、やれるだけやってみますという人に味方は現れません。周りの人はあなたのことをちゃんと見ています。頑張っている人は自分で言わなくてもみんなそれに気づくのです。死ぬほど働く、できることは全部やる。こういう必ずやり遂げるという強い意志を持って仕事をしている人には必ず味方が出てきます。

私が前職で勤めていた会社の社員は起業する人が多く20人以上の人が起業しました。しかし今も残っている会社は4社しかありません。なぜ会社がなくなってしまったかというとみんな自分に甘かったからです。ある先輩はすばらしい夢を語ってくれました。「みんなが夢を持ってワクワクするような仕事がしたい。僕は社員が心から楽しんで仕事をしてもらいたいんだ」。こう言っていた先輩の会社は、すぐに倒産してしまいました。

起業というのは死との戦いです。起業して失敗すると多額の借金を背負います。あなたの親族や友人のところへお金を請求しに来る人がいるかもしれません。もちろんあなたの家族は崩壊します。

実直に朝から晩まで頑張って働いているあなたには必ず「味方」が助けにやってきてくれます。「たいしたお金にならないけど、この仕事やってみるなら紹介するよ」「○○さんが、こういう仕事できる人を探していたよ」。私もこういう味方に何回も助けられてきました。頑張っている人のことは誰かがどこかでちゃんと見ているのです。そして助け舟を出してくれるのです。

「失敗したら終わり」ではない

経営というのは長い長いマラソンです。私も30年以上もこのマラソンを続けています。この長い時間の中で失敗なんて日常茶飯事です。予言します。あなたは必ず失敗します。

本章の終わりに言いたいのは「たとえ失敗してもあきらめない」ことです。心が折れそうなくらいの失敗も訪れるでしょう。もうダメだ倒産だということもあるでしょう。しかし失敗がこのマラソンの終わりを意味するわけではありません。逆に成功したからといってゴールしたわけでもありません。成功も失敗も経営という長いマラソンの中では、ひとつのエピソードに過ぎないのです。

Column

上場を目指すか、目指さないか

起業を考えたときにまず先に考えなければならないのは上場を目指すか目指さないかを決めることです。上場というのは会社を設立する前から始まっているのです。なぜかというと事業の進め方が真逆だからです。

一般的に上場を目指す会社を「スタートアップ」と言います。スタートアップと起業は何が違うのかというと短距離走と長距離走の違いと言えます。スタートアップは赤字なんか気にせずにガンガン売上だけを右肩上がりで上げていく必要があります。必要なお金はベンチャーキャピタル（以下ＶＣ）から出資してもらいます。上場後は普通の会社のように利益を追求し黒字にしなければなりません。自信がなければ他の人に会社を譲るか売却してしまえばいいのです。起業のように着実に売上と利益を増やしていく必要はありません。

上場というとすごい技術や真似できないような商品を持っていなければならないと思うかもしれませんが、そんなことはありません。上場するために一番重要なのはＶＣからどれだけたくさんお金を出資してもらえるか。この１点だけです。ＶＣから出資してもらったら、たくさん人を雇い、原価１０００円の商品を５００円で売ればよいのです。重要なのは利益より売上です。昔と違い、今はお金さえあれば上場は可能なのです。

そのためにはＶＣの本質を知る必要があります。ＶＣは上場時にどれだけ儲かるかを考えています。そのためには高い株価がつく会社でなければなりません。また会社が行っている事業は重要ですが、社長の経歴も重要です。

どういう経歴の人がＶＣにとって都合がいいかというとまず学歴は国内の有名な国立大学出身が望ましいです。有名私立大学では卒業生が多いために少し厳しいかもしれません。次に経歴ですが、できればグーグルやマイクロソフトのような世界的企業で働いていたとか、メガバンクや有名なコンサルティングファームに勤めていたというのが望ましいです。ＶＣにとっては社長自身も商品なのです。

あくまで私見ですが、スタートアップというのはそもそも会社経営ではない気がします。昔は、売上や利益をどんどん伸ばしていき最終的に上場というのが普通でした。だから上場企業の経営者というと周りの人たちからの尊敬を集める存在だったのです。ところが最近ではスタートアップして上場したものの利益が出せず株価が急落し、結局どこかの大企業に買われていく会社も多くなってきました。そもそも、これって会社経営と言えるのかどうか私は疑問に思っています。

第4章

起業の常識

起業の現実

今、あなたの目の前には真っ青な海が広がっています。あなたは白い帆を立て起業という船出をするのです。なんて言いたいところですが、現実は違います。あなたはこん棒をひとつ渡されて、前から来る敵と戦うことになります。敵は大きな戦車に乗り、それを取り囲む歩兵部隊は千人もいます。歩兵は広告、知名度、お金、既得権といった重装備です。あなたは敵が落とした残飯を拾って食べたり、逃げ回ったり、後ろから歩兵を殴ったりして応戦します。それが起業なのです。

学校は本当の社会を教えてくれない

子供の頃、学校で先生から人間はみんな平等なんだ、努力は必ず報われるなんていうことを教わってきたと思います。「はじめに」にも書きましたが、起業したらこういう今までの常識は全部ウソだと気づいてください。世の中というのは、この上なく不平等です。談合や賄賂なんていうのは当たり前の話なのです。国が起業家や中小企業を助けることはありません。倒産したって日本の経済にはなんの影響もありません。そもそも日本の中小企業の基準は社員が100人以上で、99人以下というのは中小企業でさえありません。死のうが生きようがどうでもいい虫みたいな存在です。いくらたくさん倒産したって国としてはなんの問題もないのです。

たとえあなたがすばらしいものを作ったとしても、国や大企業に売り込みをすることはできません。いつ倒産するかわからないような会社に大企業や国は仕事を出さないからです。あなただって大切な仕事を発注することになったら、やはり名前の知れた会社、大きな会社に依頼しますよね。国や企業も同じことです。ただ表立ってはそんなことは言いません。検討したんですけど駄目でした、すみませんと言われて終わりです。本当のことは言いません。日本では建前上、なんでも公平、平等ということになっているんですから。

世の中はそうなっている

起業当時、さいたま市の会議室を借りようと会議室を管理している部署に電話をすると、毎月1日に抽選を行っているということでした。そこで私は抽選日には早起きをして一番乗りで市役所に行きました。私の他には誰も来ていません。抽選の時間になったので、市役所の担当窓口に行き、会議室の抽選に来ましたと伝えると担当者は「抽選は終わりました」と答えました。本当は抽選など行われないのです。すでにすべて決まっていたということです。

起業した当時は不平等な扱いや差別などを受けるとそのたびに私は怒っていました。ルールに則ってやっているのに、なんであの会社はよくて、うちの会社はダメなんだ。どうして門前払いされちゃうんだ。そのたびに怒りとやるせなさを感じていました。

あるとき『蟲師《むしし》』という漫画を読みました。蟲師というのは虫の専門家のこと。この本でいう蟲とは妖怪や魔物のような超自然的な生き物です。その本の中で、子供が蟲師に「あんな蟲は全部退治しちゃってください。人間の害になるんだから全部殺しちゃってください」と蟲師に言いました。蟲師は子供に「蟲というのは常にそこにいるものなんだ。何か理由があって人に悪いことをするわけじゃないんだ。蟲というのはそもそもそういう生き物なんだ」と答えました。この本を読んだときに私はハッと気づきました。世の中というのはいいとか悪いとかではなく、先ほどの蟲のように「そうなっているものなんだ」ということです。

政治家や行政の汚職はなくならないでしょうし、企業の犯罪や賄賂、談合はあと100年たっても1000年たってもなくならないはずです。人間というのはそういう生き物なのです。自分にとって損か得かだけで生きる人も必ず一定数はいるのです。そう気づいてから私はいちいち怒らなくなりました。世の中というのはお金持ちや権力を持った人にへいこらする人がいて、何も持っていない人には辛く当たるのです。それが人間という生き物です。先ほどの「蟲」と同じようにそうなっているい生き物なのです。変えることはできません。

上下関係　先輩後輩

既得権　今までずっとやっている

損得　会社はともかく社員である自分が得をする
友情　知らない人より親しい人を優先
地位　偉い人から言われると断れない
立場　立場上できない
雰囲気　世論は、上司は、どう思っているのか
従属　省庁の人に従えば非難されない

決まったことは覆らない

私はある省の会議で意見を述べる機会をもらいました。私は「その方針は違うんじゃないですか。そもそも資料の元になっているデータ自体が間違っていると思います」と発言しました。すると省の担当者があわてて「いやいや井上さん、これはもう決まったことなんですよ。だからこの方針に従った発言をしてください。合っているか間違っているかを議論する場所ではないんです」とたしなめられました。

地球の温暖化は二酸化炭素のせいではないという学者がいます。地下に埋める核

のゴミは放射線が消えるまで10万年かかるから原子力発電はやめるべきと訴える人もいます。しかし、もはやそういうことを発言することは意味がないことなのです。政府が決めたこと、世の中の流れで決まったものは、それが正しくても間違っていても変えることはできないのです。

人間というのは愚かな生き物です。その中であなたがどうやって生きていくかというのが問題なのです。我々は政治家ではありません。ビジネスマンです。悲しい現実ですが、国策がたとえ間違っていたとしても我々がそれを変えることはできないのです。

成功者に共通する「目」

雑誌などのインタビューで一番困るのが「成功する人ってどんな人ですか」という質問です。これは回答が非常に難しいものがあります。前述したように、成功にはパターンがないからです。営業っぽい人もいれば研究者っぽい人もいます。あの人だからこそできたことで、普通の人には到底真似できない。なんていうこともあります。このように、成功している人といっても千差万別なのでこれといったパターンはありません。ただ成功している人に共通する方向性のようなものはあります。目が外に向いていることです。

好奇心が旺盛

友人が、セミナーに行ったときに、起業家として創業し大企業になった社長が隣に座ったそうです。彼はいい機会だから、普通は聞けないような話やノウハウを聞こうと思ってその社長に声をかけました。すると逆にその社長から質問攻めにあったそうです。どうしてそのビジネスをやっているの、どうしてそれはうまくいっているの、それってどういう仕組みになっているのと矢継ぎ早にずっと質問され続け、結局、その社長からは何の話も聞けなかったそうです。

好奇心が旺盛な人というのは、知らないことがあるのが嫌なのです。だからなんでも知りたがりますし、これってどういうことなんだろうと常に疑問を持っています。成功者に物知りが多いのは、こういったことなのかもしれません。ちなみに成功しない人は自分のビジネスに関係ないことを知りたがりません。そんなの知ったところで何の役にも立たないと切り捨てます。

仲間作りが上手

ここでいう仲間とは社員とか学生時代の友だちではありません。ビジネスをしているときに知り合った仲間です。成功している人はお客様や仕入先はもちろんですが、たまたまイベントで知り合った人、呑みに行ったときに隣に座っていた人、ライバル会社や居酒屋の店長などありとあらゆる場所に仲間がいるのです。知り合いの知り合いの知り合いといった、そもそもなんで知り合ったのかも忘れてしまっている仲間もいます。

仲間作りがうまい人というのは、小まめに連絡を取り、話題に事欠かない人です。いじられキャラでもあり仲間たちは面白がって彼をいじります。彼も笑ってそれに応えます。何かわからないこと、やりたいことがあった場合は仲間に協力してもらったり情報をもらったりしています。利害関係がないので、何十年も付き合っている仲間もいます。

好奇心が旺盛な人、仲間作りのうまい人。成功者の目は常に社内ではなく、社外に向いているのです。

ブラック企業から学ぶ

ブラック企業から学ぶなんて書くと、なんだお前の会社もそうなのかと言われそうですが、まぁ聞いてください。ブラック企業というのは社内の状況はともかく、大きく成長した会社ではあります。ブラック企業がなぜみんなから嫌がれるかというと、社長ならば必ずやっていることを、社員にもやらせようとするからです。

この仕事が終わるまで帰るな　↓　社長は当たり前にやってきた
売れなかったらお前の給料はなし　↓　社長は当たり前にやってきた
有給休暇なんてあるわけないだろ　↓　社長は当たり前にやってきた

つまりブラック企業とは社長が当たり前にやってきたことを社員にもやらせようとする会社なんです。これがブラック企業の正体です。あなたに学んでもらいたいのは起業したら、ブラック企業の社長のように働くことが成功の秘訣だということです。仕事が終わるまで帰ってはいけません。寝ないでやり続けてください。売れなかったらもちろんあなたの給料はありません。当たり前です。有給休暇なんてあるはずない。そもそも労働基準法は代表者には適用されません。

余談ですが、僕が本当にブラック企業だと思うのは、中小企業やフリーランスの技術や情報を横取りしたり、仕事を出すからと言って面倒な仕事を奴隷のようにやらせたりする会社。これこそが本当のブラック企業だと思うんですが、いかがでしょうか。

常識が通用しない会社もある

ものすごく安い金額で商品を販売する会社がありました。「こんなに安い金額では絶対に利益が出ないはずなのにどうしてかな。あっ！もしかするとこの会社のバックには大企業がついているのかもしれない」と私は考えました。しかし、ほどなくしてその会社は倒産しました。単に社長の頭が悪かっただけなのです。

ビジネスは頭のいい社長だけでなく、とんでもなく頭の悪い社長とも戦わなければなりません。借金まみれで倒産覚悟の破れかぶれで突っ込んでくる人、後先を考えずに無謀なビジネスを仕掛けてくる人もたくさんいます。

昔を思い出してください。小学校、中学校のときに掛け算ができない子とか簡単な漢字を読めない子がいましたよね。ビジネスの世界でも同じことなんです。こういうできない子が大人になり社長になっている場合は少なくありません。

こういう馬鹿げた会社がライバルとして登場してくると大変厄介です。この会社がつけた大安売りの価格をお客様は知ることになります。すると「オタクはこの金額にならないのか」なんてことをお客様から言われます。しかもその会社が倒産した後までその金額の記憶だけがなぜか残ります。

ライバル会社がどういう意図を持って、この金額を出しているのか、どうしてこういう商売を行うのかはよく調べてみる必要があります。こういう無謀なことを行う会社に引っ張られ、金額を変えたり、サービスを変更したりするとあなたの会社の利益がどんどんなくなってしまいます。最悪、ライバル会社とともに倒産するかもしれません。

正義の戦いに関わらない

世の中には、自分は絶対に間違っていないと思い込んでいる人がいます。たとえトラブルがあっても相手がサラリーマンならば、その人の上司と相談する等、いろいろな方法があるものですが、相手が社長の場合には非常に厄介です。自分が絶対に間違ってないと思っている人とは交渉ができません。彼は自分の言うことが正義だと思っているからです。彼にとっては正義を守るための戦いです。負けるわけには行きません。こういう人と会ったとき、私はあっさりとその人の意見を認めます。しかしその人と仕事をすることは二度とありません。

自分が最初に目指した目的を貫く、クオリティに対して一歩も引かない。こういった正義、頑固さはすばらしいと思います。しかし中には、あの人が言ったからこうしましょう、お金をもらえるんだからいいじゃないですかという不思議な正義もあります。

たとえ、はたから見てどんなにひどい間違いでも自分は絶対に正しいと思っている人、自分は正義だと思っている人と戦っても不毛なだけです。戦争と同じです。

どちらも自分が正義だと思っています。だから戦争になるのです。

節税があなたを倒産に導く

ある税理士に聞くと、社長から一番多く聞かれる相談事は節税だそうです。たしかに税金をたくさん支払っても官僚がくだらないことに使ったり、仕事もしないような公務員の給与になったりするなら、税金なんて払いたくないという気持ちはわかります。今や実質国民負担率は5割を超えました。五公五民の江戸時代より税金が高いのが今の日本です。

しかし、会社を倒産させないために税金を支払うことは非常に重要なのです。会社が倒産する原因のほとんどは現金がなくなることです。利益が出なくても倒産はしませんが、現金がなくなると利益がいくらあっても会社は倒産します。会社にお金を蓄えるには税金を払うしか方法がないのです。

会社経営というのは山あり谷ありです。順風満帆だったのに販売先の大手企業が倒産し、売掛金が回収できず連鎖倒産。こんな話はいくらでもあります。現金がたくさん手元に残る節税というのはありません。税金を支払うのが嫌だからと、決算前にいろんなものを買い込み、経費と称して節税する人は多いのですが、こういうことを続けていくと現金が会社に残りません。会社は黒字のときに貯金し、赤字のときにそれを使うのです。税金を支払うことは倒産しないための保険料なのです。

とにかく現金現金現金

あるクラウドメーカーは毎年100億円近い赤字を何年も続けています。そのため株価も上場時の10分の1にまで下がってしまいました。しかし倒産はしません。なぜなら会社に現金があるからです。現金があれば社内がぐちゃぐちゃでも大赤字でも倒産はしません。逆に社内体制がきちんとしていても黒字でも、現金がなければすぐに倒産してしまいます。

あなたの会社の売掛金はいくらありますか。1日も早く回収し現金にしてください。取引先に連絡したら「あれっ支払ってなかったっけ。ごめんごめん、来月末に振り込みますよ」と言われるかもしれません。今月末までに現金がないと倒産してしまうのに……。

起業したばかりのときはさまざまなトラブルが起こります。そんなときにあなたを救ってくれるのは現金だけなのです。

在庫は最小限に

お客様に迷惑をかけないため、とにかく売れるものはなんでも売りたいと在庫をたくさん持つ会社があります。大きな会社ならまだいいのですが、起業家は在庫を持たないことです。もし在庫しなければならない場合には最小限にするか、仲間同士で在庫をシェアするのがいいと思います。取引先から問い合わせがあっても在庫がない場合には無理せず正直に「ありません」と言いましょう。ビジネスチャンスを逃すことにはなりますが、起業家にとって一番重要なのは資金繰りなのです。

例えばあなたは現金がなく、1000万円分の在庫を持っていたとします。もしお金が必要になったら銀行から借りてこなければなりません。銀行からお金を借りたら金利を支払わなければなりませんし、そもそも銀行が貸してくれるかどうかもわかりません。もし在庫がなければお金を借りなくても済んだ話なのです。売掛金も同じです。本来なら販売先からもらえるはずのお金が入金されていないために銀行からお金を借りるなんて、本末転倒ですよね。

起業家は、いかに在庫を持たないか、どれだけ早く売掛金を回収できるかを常に考えてください。取引先のためにお金を借りる必要はないのです。

ビジネスに不可欠な2つの要素

ビジネスというのは、お金を儲けるだけであればいくらでも儲けることができます。たいした価値がないものを高い値段で売ればいいのです。法的に問題なければ、売った後に何か文句を言われても、知りません、わかりませんと言って逃げればいいのです。

実際、いろいろな町でお年寄りを集めて、健康器具や健康食品を売っている会社もあります。ビルの一角を借りて近隣に「来場者はパンや卵が10円」なんていうチラシを撒きます。その後、会社は1ヶ月ほどたつと突然移転し、違う町に旅立ちます。そこでまた同じことを繰り返します。お客様は商品にクレームがあっても、本当の会社名もわからず、所在地がどこにあるのかもわかりません。電話はすでに解約されています。

彼らはお金が儲かればいいのです。でもそれはビジネスではありません。ビジネスというのは「お客様が喜ぶこと」と「会社に十分なお金が入ること」です。この2つのいずれかがないものはビジネスとは呼びません。誰も喜ばないものを売るのは詐欺師と同じです。たとえ法律で問題がなくても人間がやってはならないことです。たまに、こういうビジネスまがいのインチキでお金を稼ぎ、偉そうなことを言っている自称成功者がいますが、たいてい数年でいなくなります。こういうインチキ社長は昔からいます。現れては消え、消えては現れを繰り返しています。

お金は必ず返す

私は起業した年の年末に中古のオフィスコンピューターを税理士から買い、病院へ販売しました。税理士への支払いは年明けという話でしたが年末にお金が必要になったらしく、今すぐ払えと税理士から電話がかかってきました。受話器からは怒り狂った怒鳴り声が聞こえてきます。年末なので病院の院長はすでに休んでいて連絡が取れないと言って聞く耳を持ちません。仕方なく前職の後輩に頼んで150万円のお金を借りて支払いました。もちろん年明けに後輩には全額お金を返しました。

開業時にお金を人から出してもらうことがあると思います。お金には2種類あって、お金を借りる場合と資本金を出してもらう場合です。お金を借りる場合には個人の問題ですが、資本金を出してもらった場合は微妙ですよね。たとえ倒産しても法律的には返さなくていいことになっています。ここで資本金を出してもらった人にお金を返すか返さないかというのは、実は人生のターニングポイントなのです。

ベンチャーキャピタル（ＶＣ）や投資家であれば資本金を返す必要はありません。彼らは株式公開で投資額を何十倍にも増やそうとしている人たちです。ハイリスク、ハイリターンの自己責任です。ではあなたが起業するときに出してもらった、あなたを応援するつもりで出してもらった資本金はどうでしょうか。結論から言うと「人として」これは返さなければなりません。

お金には善意のお金と欲のお金があります。善意でお金を出してくれた人はＶＣや投資家のようにあなたから儲けるつもりでお金を出したわけではありません。善意は裏切ってはいけないのです。会社が倒産した人、金額が大きくて返せない人もいると思います。ただ何年、何十年かかってもいいので、少しずつでも返すべきです。そうしないとあなたは人間としての信用がゼロになってしまいます。

新たなビジネスを始めようと思ってもその出資者はお金を出してくれませんし、会社のお金がピンチになったときにもその出資者はお金を貸してはくれないでしょう。いい話が来てもあなたを紹介することはありません。あなたは信用されていないからです。

お金を返せば再度、出資もしてくれますし、お金も貸してくれるでしょう。あなたに信用が生まれたからです。あいつは必ずちゃんとやる人間だという信用がついたのです。だからいい話があれば人も仕事も紹介もしてくれます。私は今まで資本金を出してあげた社長からは会社がなくなった後でも、みなさんすべて返してくれました。あのときは応援してくれてありがとうということなんだと思います。

逆にお金を貸した場合には返ってきたことがありません。銀行からお金を借りたら返さなければなりませんが、人から借りたお金は返さなくてもいいと彼らは思っているからです。お金を貸した人は貸したことを何年でも覚えていますが、借りた人というのはいつ借りたのか、いくら借りたのかも覚えてはいません。そう、あのときにあなたが貸したお金は、彼の頭の中からはすっかり消えているのです。

人は、見たいものを見て、聞きたい話を聞く

「井上さん、あの人うまくいってないみたいだからアドバイスしてあげたらどうですか。僕が言ってもダメだけど井上さんが言うことなら聞くかも」なんて言われることがあります。ドラマならば主人公がアドバイスされて、はっと真実に気づいた。なーんて話がありますが、実際にはそううまくはいきません。いくら私が諭しても聞く耳は持たないでしょう。なぜなら人は自分が気に入った意見やアドバイスしか聞かないからです。

これはお客様にも当てはまります。お客様の中には一度自分が決めてしまったものを覆すのは自分自身を否定すること、自分のプライドに関わると思っている人もいます。こういう頑固な人に物を売るのは大変です。というよりまず売れません。

特に古くからある業界だと、あなたが販売しているものがいくらすばらしいものでも、お客様は警戒してなかなか買ってはくれません。

私も起業当初はほとんど売れませんでした。まったく同じ商品を半額で販売したので、バカスカ売れるぞと思ったのですが全然売れません。そこそこ売れるようになったのは3年ぐらいたってからです。「これだったら、うちの会社のほうがサービスもいいし安いぞ」と起業したもののなかなか売れない人がいるのは、こうしたこともあるのです。

日本人が喜ぶニュースしか流れない

2020年の東京パラリンピックで「日本は金メダル13個と大健闘」という記事が新聞に出ました。では他国はどうなのかというと1位中国の金メダル数は96個、2位イギリスは41個、3位アメリカは37個です。ちなみに日本は10位です。中国の金メダル数を報道した日本のマスコミはたったの1社でした。また政府系金融機関は投資の失敗で何十兆円も損（税金）をしています。しかしこれが新聞で報じられることはありませんでした。日本は2023年度の「報道の自由度ランキング」で世界68位（※）です。

日本で流される海外ニュースは、日本人が喜ぶニュースしか流れないのです。日本が世界から注目を集めています。なんていうニュースはほとんどがウソです。

公表されない真実がビジネスチャンス

都合の悪いニュースは流れません。何も起こらなかったことにすれば国民が知ることもありません。政府としても歪曲して報道すれば国民の怒りを買うこともありません。私はこれがいいとか悪いとかを言いたいわけではありません。起業家やフリーランスはこの「公表されない真実」「歪曲された事実」を知ることで大きなチャンスをつかめるかもしれないと言いたいのです。

反対にウソが公表されていることもあります。「これからは今までのやり方は廃止します。今後はこうなります」なんていう報道を見ると。あーなんだ。もうこのビジネスは終わりだなと思うかもしれません。ちょっと待ってください。はたして本当でしょうか。終わりだと言われながらそのままやり続けて大きく売上を伸ばした会社を私は何社も知っています。ライバルたちが撤退したため売上が集中したのです。逆に政府の言うことを信じて投資し、大損した会社を何社も知っています。ですから、国やマスコミが言うことはまず疑ってかかることが重要です。常に自分自身で真実を知る努力を怠らないようにしてください。

※「国境なき記者団」によって調査・発表される報道の自由に関する世界ランキング。

経営センスがある人、ない人

どうしてこんなすばらしいチャンスに、この社長はちゃんとやらないのかなぁ。なんでこの人はここでこういう判断をするのかな。とあなたも疑問に思ったことがあると思います。

経営センスがある人とない人を分けるのは「なぜ」や「どうして」があるか、ないかです。例えばある街に行って中華料理屋がないとします。経営センスがない人はこの街に中華料理屋を作ったら儲かるのにと思います。経営センスのある人は、この街にはなぜ中華料理屋がないのだろう。何か理由があるんじゃないかと考えます。

経営センスのない人というのはある意味、素直な人なのかもしれません。しかし、それではライバル会社との競争に勝つことはできません。経営センスを磨くには、なぜ、どうしてと疑問を持つことです。街にはじめから中華料理屋がないのではなく、昔はあったけれどなくなってしまったのかもしれません。そう考えるとなぜなくなったんだろう、もしかすると中華料理を食べる人が少ない町なのかな、この地域は車で移動する人が多いのに駐車場がないからダメなのかな。高齢者ばかりでそもそも外食する習慣がないのかもしれない。と、さまざまな考え方ができます。そうすると中華料理の宅配弁当なら儲かるかもしれないと新しい発想が生まれてきます。

とはいえセンスを学ぶのはなかなか難しい

昔、税理士試験で簿記科目に受かった社員を雇ったことがあります。ところが経理処理をよく間違えます。だから私は、彼がやったことをいちいち全部チェックしなければなりません。そうです。彼は簿記には合格したものの経理のセンスはなかったのです。

経理のセンスがないために単純な数字の間違いに気づきません。数年間、何度も教えましたが、似たようなミスを繰り返します。では彼を教育して経理センスを育むことができるかというとそれはなかなか難しい。なぜならセンスとは「性格」だからです。

経理センスのない人は数値の間違いに気づくのが難しいです。間違いのパターンは千差万別。何百、何千とパターンもあります。簿記の試験のように答えはひとつではありません。人は一度失敗すると慎重になります。そして「ん、この数字はおかしいな。普通ありえないよな」と気づき間違いを訂正します。しかしセンスのない人は、この前に間違えたのはたまたまだと思う「性格」、間違っても気にしないという「性格」を持っています。だから同じミスが頻発します。

経営センスがない人も同様に、物事の見方が画一的で思い込みが強いため、たとえアドバイスをしても聞き入れてくれません。またプライドが高く自信過剰なので自分がやっていることが間違っているとは思いません。そして同じ失敗をまた繰り返すのです。

経営センスは地獄を見た人にやってくる

センスのあるなしというのは、ある人には見えるものが、ある人には見えないということなのです。プロ野球選手に見える世界と草野球の人に見える世界は、同じプレイを見ても異なるということなのかもしれません。経営のセンス、営業のセンスも同様です。ある人にはチャンスが見えて、ある人にはチャンスが見えない。二次元で生きている蟻には、三次元で生きている蝶が見ている世界はわからないのです。

「センスが生まれつきのものなら経営センスがない人は一生ダメじゃないか」と思われるかもしれません。いいえ、そんなことはありません。それは、ドン底に落ちたときに人間の性格は変わるからです。そして経営センスが誕生するのです。

なぜお前はそんなに経営センスがない奴に詳しいんだ？　わかりますよ。だって私がそうだったからです。いやもっと広く言うならば今成功している企業、上場企業も含めほとんどすべての創業社長はどん底を経験してようやく経営センスを学んだのだと思います。広告の印刷ミスでヤクザの事務所に連れて行かれた社長、資金繰りの不安でトイレが血尿で真赤に染まった社長、病院に行く金がなく道で倒れ救急車で運ばれた社長、創業者から会社を継いだ途端、何年も銀行に返済できませんと頭を下げて周った二代目社長。今成功している社長は、こうした地獄で経営センスを身につけた人が多い気がします。

経営センスとはどん底を味わい、自分はこの世で一番ダメな人間だ。死んだほうがいいと心の底から思ったときにはじめて身につくものなのかもしれません。

絶対に売れないもの

ビジネスをするうえで戦ってはいけない商品があります。それはお客様が心の中で、これは絶対に最高だと疑わないもの。つまり「思い込みの強い商品」です。例えばiPhone（アイフォーン）を持っている人にAndroid（アンドロイド）のほうがいいよと言っても絶対に否定されます。いくら世界でiPhoneを使っているのは日本人ばかりで、Androidの世界シェアは7割を超えているんだよとあなたが説得しても、無駄です。そんなことは聞き入れません。iPhoneは絶対にいいんですと言われるだけです。

ベンツやロレックスが好きな人も同じです。いくら国産のほうが性能がいい、故障が少ないと言っても彼らは考えを変えることはありません。誰が何と言おうと絶対にいいんです。あなたの業界で、神のように扱われている商品があるならば、あなたがどんなにすばらしい商品を作っても売れることはないのです。

たぶん一番長い戦いは、コカ・コーラとペプシコーラです。彼らは19世紀から戦っています。ペプシコーラはコカ・コーラの10年後に発売されましたが、１００年たってもコカ・コーラに勝つことができていません。

自分の地位を脅かすものは、売れない

世の中は、トップとトップではない人しかいません。トップではない人が一番大切にしていることは「自分の地位」を守ることです。企業の社員から政府の役人、すべての人が自分の地位を守るために日々生活をしています。

・このままだと課長に降格だ。ヤバイ仕事だけどやるしかない。
・このプロジェクトが開始されたら会社に居場所がなくなる。絶対に反対だ。
・他国に占領されたら自分は死刑になる。国民が死んでも構わないから戦争しよう。

トップではない人は毎日、こんなことばかり考えて生活しています。特にＢｔｏ

Bの場合はあなたが「これを導入したら会社の売上が伸びます、便利になります、コストダウンできます、社員も喜びます」と何万回叫んでも無駄です。日本ではあなたの商品がどんなにすばらしくても担当者の地位を脅かすものは絶対に導入されることはないのです。

損してもいい会社とは戦わない

ある上場を目指しているＩＴ企業が毎月３万円ですべてのシステムを提供しますというふれこみで、広告を出しました。それを聞いたお客様はその企業に殺到しました。なぜならお客様は毎月この何倍もお金を払っているからです。それがなんとたったの３万円。初期費用を負担しなければならないけれど、毎月３万円ならば、すぐにでも初期費用分は回収できます。こう考えたお客様は、こぞってこの企業のシステムを契約しました。その後、この会社は初期費用を６００万円にし、利用料金を何倍にもしました。ウソつき会社だとお客様から呆れられ、最終的には上場企業に買収されました。

ＶＣから多額のお金を入れてもらって上場を目指す企業があります。新商品を業界内に次々に送り込み、価格も安い、社員もたくさん雇い、さまざまなところに営業をかけます。元官僚を雇って国とパイプを作り仕事を受注している会社もあります。いくらでもお金がありますからテレビ広告なども行います。

あなたはこんな会社と戦ってはいけません。なぜなら彼らは我々と会社経営の仕方が真逆だからです。上場を目指している会社というのは売上を毎月伸ばさなければなりません。ただ利益は関係ありませんから1000円で仕入れたものを900円で売ってもいいのです。実際に無料ユーザーとして登録すると1000円を差し上げますとやっていた会社もあります。あるアフィリエイターはいくつもメールアドレスを作ってユーザー登録し1ヶ月に100万円もその会社からもらったそうです。

あなたがこういう会社に引っ張られ、もし同じことをしてしまったら、あなたの会社はすぐに倒産してしまいます。あなたの会社は売上も必要ですが、利益が大切なのです。彼らのように何億円損してもいいような会社と戦ったら勝つことはできません。当社もこういう会社と戦って最終的には勝ちましたが虚しい戦いでした。

適正な利益で商品を販売し、きちんとしたサポートをすれば必ずお客様はついてきてくれます。一時的に業界を荒らし回る会社はすぐにいなくなりますから、さほど心配する必要はありません。自社の強みを生かし、コアなお客様を作り、育てていくという彼らとは違った手法、つまり「正攻法」で会社を経営してください。

賢者は自分が愚か者であることを知っている

世の中には起業塾というのがあり私もそのいくつかの代表と話をしたことがありますが、まともな人はいませんでした。友人で起業塾に大金を支払った起業家もいます。今どき起業するための手続きなんていうのはネットで調べればすぐわかります。そもそも起業塾というのは起業して成功するための塾です。ところが、起業を教えている先生が未だに成功していません。成功したことがない人から教わった成功術は、野球をしたことがない人から野球を教わるようなものです。マイナスしかありません。

何も知らない起業家に、さまざまなものを売りつける「先生」もいます。これだけは知っておきたい会社設立、1億円稼ぐための成功する起業講座、会社の理念を教えるコーチング。そんなものは起業家にはいらないんです。こういった先生の講座は経営学がもとになっていますが、経営学というのはそもそも社員が100人、

200人以下の小さい会社は想定していない学問です。単に大企業がやっているものを起業家に当てはめているだけです。ビジョンをしっかり作ろう、事業計画書を作ってあげますよと言葉巧みにお金を巻き上げる人たちが起業家を虎視眈々と狙っているのです。抽象的な言葉で煙に巻いてお金をせしめる起業塾が後を絶たないのは残念でなりません。

成功していない人からのアドバイスは無意味

起業すると不安になって誰彼かまわず相談をしたい気持ちはわかります。人と話をすることによって不安は解消されるかもしれませんが、その人のアドバイスが正しいかどうかはわかりません。同じ質問をしても成功している人と成功していない人のアドバイスはまったく異なるものになります。

ＶＣから何十億円も集めた、会社を売却し大金を手にしたという自称成功者という人のアドバイスも微妙なところです。よくよく考えると赤字で会社が儲からなかったため会社を売ってお金を手にした人は、成功者どころか敗北者なのです。こういう人からのアドバイスはＶＣからお金を引っ張るにはどうしたらいいかという話だけにとどめておいたほうが賢明です。

また企業に勤めている人からのアドバイスもあまり参考にはなりません。企業に勤めている人には起業家の心はわかりませんし、起業家とはお金の単位も感覚も違います。「たった1000万円でこの事業を始められるぞ」とアドバイスをもらってもお金がない起業家には、どうしようもありません。二代目社長というのも難しいところです。創業者ではない社長は、そもそも親の基盤があって社長をしている人ですから、起業家とは立場がだいぶ異なるからです。

したがって、もしアドバイスをしてもらうなら成功している起業家、今も現役の創業者からアドバイスをもらうのがいいと思います。あなたと同じように悩み、苦しんだ人ですから現実的なアドバイスをもらえると思います。経営がうまくいっていない経営コンサルタント、起業したことがない士業の人、10年も経営していて社員がいない人からのアドバイスは地獄への片道切符です。見分け方として大きなことを言う人はたいていヤバイ人です。「経産省の担当者が僕にぜひ手伝って欲しいって言うんだよね」「東大出身の誰々さんが」「大企業の◯◯の社長って僕の上司だったんですよ」と有名人の名前を出してあなたにすり寄ってきます。詐欺師のトークと同じようなことを言う人はほぼ詐欺師と思っていいでしょう。

こんなことを言うと誰に相談していいかわからないという人もいると思います。

私事になってしまいますが、今年から国内最大級の起業家、フリーランスのサイト

「起業の知恵袋」に私も参加することになりました。ここで動画や経営のアドバイスをアップすることになっているので、よろしければ覗いてみてください。

すごい悩みなんてない

会社経営をしているとお客様とのトラブルや仕事がうまくいかない、期限に間に合わない、いわれのないクレームなどさまざまな問題が起こります。そして、こうした悩みは得てして堂々巡りします。これが完成しなかったら、お客様に納期が遅いと怒られるし、お金も払ってもらえない。お金が入ってこないと仕入先にお金が払えない。払えないと仕入先に謝らなければならない。こうして悩みはぐるぐるとループしていきます。

問題点や悩みというものは、実は一つひとつが独立していてほとんどがたいした話ではありません。この例だと納期の問題。入金の問題。支払いの問題に切り分けられます。納期の問題はある部分だけを外注に頼めないか。入金の問題は短期でお金を貸してくれるところはないか。支払いの問題は分割払いにしてもらえないか。

一つひとつを分解して考えてみると、実はそんなに複雑な話ではないのですが、「悩みのループ」に入り込むと人の心はどんどんネガティブになっていきます。

もしこれらすべてが駄目でも「先に伝える」という方法で解決できることもあります。お客様には納期が遅れることを先に伝えます。必ず完成させるので先にお金を払ってもらえないかと交渉をします。仕入先にはこういう事情で支払いを少し待ってくれないかと事前に連絡しておきます。ギリギリまで引っ張った挙げ句、できません。払えませんということを突然言われると、人間は頭にきますし、対処もできません。しかし先に言われていれば、嫌味を言われるかもしれませんが、特に大事になることはありません。

会社経営をすれば、こういったピンチは限りなく、何回も何回もやってきます。そんなときは、困ったことを一つひとつ分解し冷静に対応していけば、悩みごとというのは実はほとんどたいしたことがないものばかりだとわかってきます。

起業の敵は自分自身

私が起業した頃、起業した人はたくさんいましたが、一人また一人といなくなっていきました。では、いなくなる人と残る人の違いはなんでしょうか。

起業で最大の敵は自分自身です。人間はやはり眠いときは眠いですし、仕事をしたくないときもあるでしょう。会社員なら熱があれば有給が取れるでしょう。取引先との約束は他のだれかに頼むことができるかもしれません。しかし起業した場合、すべての仕事はあなたがやらなければなりません。代役はいません。そしてあなたを管理するのは自分自身になります。起業したら自分に甘くしようと思えばいくらでも甘くできます。あなたに上司はいないのですから。

私の前職の先輩は輸入小物のお店をやっていました。最初は午前中からお店を開けていましたが、お客様がほとんど来ません。お客様が来るのがだいたい午後3時ぐらいということもあり、先輩は午後2時から午後7時まで店を開けていました。ではは午前中は何をしていたのかというと昔の友だちとの麻雀です。結局は、言うまでもなく倒産しました。もしこの午前中に売上を上げるためにチラシを駅前で配ったり、近所にポスティングする、店の前で呼び込みをするなど自分ができる限りのことをやっていれば、倒産しなかったかもしれません。彼は自分に甘かった。だから倒産した。それだけのことです。

起業したらすべての時間が自分自身のものです。だからどれだけ仕事をしてもどれだけ遊んでも誰からも文句は言われません。しかし1秒でも仕事から遠ざかることで、あなたの会社は成功とは離れていき、倒産にどんどん近づいていくのです。

起業を志すのであれば、とにかくなんでもやってみる。ひたすら時間を惜しまずにやってみる。遊ぶ時間なんてありません。ビジネスに完成はないのです。ついにうちの会社もここまで来たか。なんて思った瞬間に、すべてが崩壊します。だから仕事をやり続けるのです。経営者になったら死ぬまで安堵の日はないと思ってください。

世界を見ろ

私の前職の先輩は、海外の難民のお手伝いなどをして1年の半分近くを海外で暮らしています。その先輩がスマホで撮った写真を見せてくれました。その写真には、みんなでギターを弾きながらキャンプファイヤーをしている写真やきれいな住宅が並ぶところで子供たちが遊んでいる写真です。「これはどこの写真なんですか」と聞くと先輩は難民キャンプだというのです。

日本では難民キャンプというとゴミを拾ってる子供や家がなくてテントで暮らしている人たちをイメージします。先輩は私に「世界中を周っていて、日本のCMで流れているような難民には会ったことがない。世界のどこかにいるのかもしれないけれど、ほんの一部だと思う。日本では悲惨な映像じゃないと寄付が集まらないから、世界中の難民がこういう状況だとアピールしているのだと思う。とにかく井上君、世界を見ろよ。日本にいたら世界は見えないぞ。日本では政治家もマスコミも世界のことを正しく伝えてはいない。自分の目で確かめるんだ」と言われました。

自分がよく目にするものがすべてではない

世界中の人が野球をしていると思っている日本人がいます。テレビでは常に野球の試合が中継され、大リーグでは日本人選手が大活躍というニュースが流れます。しかし外国では野球を見たことがない人が大半を占めています。

世界のスポーツにクリケットというのがあります。クリケットの競技人口は約3億人といわれています。野球やサッカーよりも競技人口が多いのです。しかし日本でクリケットの試合が映像として流れることはありません。ちなみに世界の競技人口はバレーボールが5億人、バスケットボールが4億5千万人、サッカーが2億6千万人です。日本で人気の野球はたったの3500万人です。

子供の頃に住んでいた団地の側にモノレールが走っていました。当時、私はこのモノレールに乗れば日本中どこにでも行けるのだと思っていました。人間は、自分がよく目にするものがすべてだと思いこんでしまうのです。

世界を目指す

私が起業した頃の日本人は海外で仕事をするなんて考えたこともない人たちばかりです。日本の小さいマーケットでどうするかばかり考えてきました。あの商店で売ってもらおうか、ワゴン車に乗って駅前で販売しよう。そんな小さなことばかりで商売をしてきました。しかし若いみなさんは違います。すばらしい商品を作って海外で勝負する。こういったことも考えていいと思います。最近は中国で作られた映像がたくさん日本でも販売されています。言葉の壁がないものならば、なんでも売ることができるのです。

しかし、先ほどの私の先輩の話のように、ネットがあるからといって日本にいながら海外で商売するのではなく、海外に行って本当の姿を見るべきだと思います。友人の起業家で米国やドバイに移り住んだ人もたくさんいます。住み心地はどうですかと聞くと、みんな口をそろえて「どうしてもっと早く移住しなかったんだろう」と言います。ある人は「日本が世界で一番住みやすいなんていう、暗示にかかっていたのかもしれません」と言っていました。

海外に行かなければわからないビジネスやこれに似たようなものが日本にあるなといったヒントをつかめるかもしれません。リアルな世界、世界の現実を自分の目で確かめてください。

Column

蚊に刺されて本気で怒る人はいない

ある人は友人と呑んだ後、酔っ払って一人で道を歩いていました。すると数人の男から突然、因縁をつけられ殴られたそうです。彼は反撃し殴り返すと、その男は転んで電柱に頭をぶつけ頭蓋骨を骨折したそうです。男は救急車で運ばれ病院へ。彼は警察に傷害罪で逮捕されました。

取引先で、街中で、運転中、さまざまな場面で嫌な奴、なんだこいつ的な人に出会うことがあると思います。そんなときにあなたがイライラしたり、怒ったりするのはまったくくだらない話です。先ほどのように逮捕されるのはもちろん、むしゃくしゃして今日は仕事にならなかったなんてことは絶対に避けなければなりません。

生きていても死んでいてもどうでもいいような馬鹿にいちいち怒ってもむなしいだけです。

蚊に刺されて本気で怒る人はいませんよね。

命をかけて仕事をしているあなたとは人間の質も格も違うのです。

と、なぜあなたに言うのかというと私にも苦い経験があるからです。

ある銀行系の大手コンピュータ会社と共同事業をすることになりました。先方が開発を行い当社が販売するという事業です。開発も終わり契約するときの話です。先方が突然、理不尽な条件を突きつけてきました。契約書の条項に「当社が作成したシステムやサーバーに瑕疵《かし》があった場合、顧客に対しフリーウェイジャパンが全責任を取る」という文章が書かれているのです。彼らの言い分は銀行系の会社なので顧客に対して責任は取れないとのことです。私は社長に「全責任というのはどの程度の範囲ですか」とお聞きしました。すると社長は「無限です」と言います。私はキレて「お前の脳みそ腐ってるんじゃないのか。馬鹿野郎」と言ってしまいました。問題なのはこの後です。この件で1ヶ月もの間、私はずっと腹が立って仕事が全然進みませんでした。これ以降、つまらない人に怒ることで時間を無駄にしないように気をつけています。

第5章

あなたを失敗に導く人々

これだけインターネットが普及し、ＡＩが進化しても人とまったく関わりを持たずにビジネスを行うのは不可能です。その中には尊敬できるすばらしい天使のような人もいれば、あなたからすべてをぶんどる悪魔のような人もいます。起業したら、相手が天使か悪魔かを見分ける能力が必要になってきます。

一緒に仕事をしてはいけない人

創業時、何回か一緒に仕事をしたことのある社会保険労務士にパソコンやプリンターを売りました。全部で100万円くらいです。請求してもなかなかお金を払ってくれないので、そろそろお願いしますと連絡すると「君の会社の組織変更の相談にのってあげたよね。それでプラスマイナスゼロだよ」と言われました。たった数十分の相談料が100万円です。親しい間柄だったので私は呆然としました。

こんな話はいくらでもあります。起業家は人を見る目を養わなければなりません。会社に勤めていたときは損をしても会社が負担してくれますが、起業するとすべての損をあなたが払うことになります。世の中の人はそんなに悪い人ばかりではない。日本人は人と人とのキヅナを大切にしている。私もそう思っていました。ところが起業した途端、私の周りの世界は一変しました。

世の中には人柄がよく、一見いい人に見えても一緒に仕事をしてはいけない人がいます。それは「基本的にいい人」と呼ばれる人です。基本的にいい人というのは何かトラブルが起こった途端、あなたにすべての責任を押し付ける人でもあります。

権威主義者

「この人は東大なんだ」「この人はメガバンク出身なんだ」「この人は協会の理事なんだ」などと、人を紹介するときに肩書ばかりを話す人は鼻につきますよね。こういう人は学歴や経歴ですべてを判断する権威主義者です。自分の頭が悪いので正しく人を評価できないからこういう紹介の仕方になるのかもしれません。

経歴で仕事ができるのであれば世話はありません。すばらしい経歴を持つ人でまったく使えない人を私はたくさん知っていますし、たかが10代の頃の入試の結果でしかない学歴なんて何の意味もありません。権威主義者は激しいコンプレックスを持っている人です。すばらしい学歴や経歴を持った人と一緒に仕事することで自分も偉くなった気がしてくるのです。

ラベルを貼る人

ある日カラオケに行くと待合室で若い男性が、この間友だちと一緒に俺の渋谷のマンションで呑んだんだよね、と女の子たちと喋っています。あーこの人は自分のマンションが渋谷にあるっていうことが言いたかったんだなと思いました。

人間性というのはその言葉からなんとなくわかります。だから恐ろしい。先ほどのようにいちいち住所を言う人がいます。行きつけの銀座のスナックでね、代官山のレストランでさぁ、という感じです。また、いちいち学歴や勤務先を言う人もいます。新しいプロジェクトの東大卒の部長がね、元経済産業省の人と打ち合わせしたときに、というのもあります。先ほどの権威主義者と同じような人です。

権威主義者との違いは、相手が自分より上か下かを常に考えていることです。上には尻尾を振り、下にはキツくあたる人です。もしあなたの「ラベル」が彼にとってたいしたことがないなら付き合うのはやめておいたほうが賢明です。

決断するけれど実行しない人

さまざまなものに興味を持ち、チャレンジする経営者がいます。この手の経営者は2つのタイプに分かれます。それは決断して実行する人と決断したけれど実行しない人です。

問題なのは、決断したけれど実行しない人との付き合い方です。一度やると決断したもののやっぱりやめたという人は起業家が一番巻き込まれてはいけない無責任な人です。私自身、段取りを組み、他社に依頼してシステム開発を行ったことがあります。ところがなかなかスタートしないので先方に連絡してみると「あれはやめました」という返事です。やめたという連絡すらないのです。もちろん100万円近くかかったシステム開発費は回収できません。

起業家は決断したけれども実行しない人とは即座に縁を切るべきです。あなたは振り回され、お金を使ったあげくお払い箱になります。そして次に会ったときに「あの件はごめんね」と言われます。しかし彼はしばらくするとごめんねと言ったことすら忘れてしまいます。そしてまた「今度の新しいビジネスは」と彼は話し出すのです。

自分や家族が大好きな人

家族が好きでなんで悪いんだ。すばらしいことじゃないかと思うかもしれませんが、家族というのはビジネスとはまったく関係ない話です。自分や家族が大好きな人、つまり公私混同する人とアライアンスを組む場合、ひとつ問題点があります。それはその人の家族のために、こちらが倒産する可能性があることです。家族旅行のために前受金を勝手に使ったり、社員の給与を支払わないで社会保険料を踏み倒したりします。子供の学校への寄付金を会社のお金で払った人もいました。

すべてのビジネスは自分や家族のためにあると思っています。会社のお金はすべて自分のお金なのです。私の経験上、家族が大好きな人は、取引先とのトラブルも多く、訴えたり訴えられたりするので一緒に仕事をするには非常に危ない人です。あなたへの支払いも子供の私立中学の入学金で消えるかもしれません（実話）。

失敗したことがない人

私は聞きたがりなので多くの社長に「うまくいったと思った瞬間はいつですか」「もうダメだと思ったことはありますか」などさまざまな質問をします。すると「あれは大失敗だったね。借金返すために駆けずり周ったよ」「まさかあんなに売れるなんて考えてもみなかった」なんていう答えが返ってきます。私自身も手書きした文字を読み取りデータ化するシステムを25年前に開発し、これはいけると何百万円も広告に投資しましたが、たった3つしか売れずに大赤字になった苦い経験もあります。社長を長く続けているとこうした失敗はいくらでもあります。

ところが逆に失敗したことがない社長もいます。会社を設立してから十年以上たつけれど社員がほとんどいない社長に、何に失敗したんですかと聞いたところ「失礼だな。別に何も失敗してないよ」と怒られたことがあります。

チャレンジしない人は失敗することがないんです。何かしなければ失敗も成功も起きないからです。ビジネスというのは何かしらのチャレンジ、大きなチャレンジや小さなチャレンジを繰り返して会社が大きくなっていくのです。毎日同じ時間に起きて会社に行き、毎日同じような仕事をして家に帰る。起業家は公務員ではありません。こんなことを繰り返しても会社が大きくなるはずがないのです。そして、何より問題なのが、そもそも何にもチャレンジしていなかったと気づかないことです。あえて失敗がわかっているものにチャレンジする必要はありませんが、チャレンジしないかぎり成功はないということです。

おかしなオーラを持っている人

ビジネスをしているとさまざまな人に会いますがこの人、なんか話している内容がおかしいなと感じた場合、私は一緒にビジネスをしません。もしかするとすごい人なのかもしれませんが、今までの経験で失敗する確率が非常に高いからです。

私の知り合いでカニの養殖のファンドをやっている会社と協業した人がいました。そのファンドの社長の写真を見るとサングラスにスキンヘッドです。私は絶対にやめたほうがいいよと忠告しましたが、彼は聞き入れません。「本当はすごくいい人なんだよ。自分のビジネスに真剣なんだよ。彼はシャイだから、ああいう格好して虚勢を張っているだけなんだよ」と言います。その後どうなったかと言うとそのファンドはなくなり、彼は社長から裏切られ、出資者からは詐欺で訴えられました。

普通に通勤していても変な服を着た人や奇妙な動きをする人、なんとなくやばい感じがする人がいます。そういう人のそばに私は近寄りません。嫌なことが起こりそうな予感がするからです。車に乗っているときでもそうです。変な運転をする人、チンピラ風の人、こういう奇妙な人が運転している車には車間距離をとります。もし事故やトラブルが起きた場合、たとえ裁判で勝ったとしても何の得もないからです。人間のレベルが低い人に勝ったところで経験値もお金も貯まりません。

理屈ではなく、自分の勘を信じてください。こういうときの勘は意外に当たっているものです。理屈で自分を説得しないようにしてください。

超上から目線の人

たまにとんでもなく上から目線の人がいます。事前にアポを取ったのに覚えていないうえに、「あんた何やってるんだっけ、あーあれか。それ面白いじゃん」と夕メロトークが炸裂する人です。こういう人は行政や大企業の偉いサラリーマン、周りからおだてられて図にのっているアホ社長に多い気がします。

こういう人の特徴は自分よりすごい人はいないという強い信念を持っていることです。「井の中の蛙大海を知らず」で、本当はもっと広い世界があることを知らないのです。だから自分は、神のように振る舞います。頭のいい人は自分よりすごい人がいくらでもいることを知っています。だから謙虚なのです。年商が数百億、数千億の社長に会ったことがありますが彼らはみんな不思議なほど謙虚です。何か新しい情報を得て、ビジネスにつながらないかと私の話を真剣に聞きます。

私の義父から聞いた話ですが、自治会で二人のおじいさんがケンカをしていたそうです。「俺を誰だと思っているんだ。俺は◯◯航空の役員だったんだぞ」「なんだお前、俺は◯◯製鉄の常務だったんだ」と昔の肩書きでケンカをしていたそうです。昔、神だった人が人間に戻ると哀れです。あなたはたとえ頭にくることがあっても自分を偉いと疑わない人と戦ってはいけません。何の得もありません。ああそうですか、すばらしいですねと頭を下げればすべてが解決するのです。

コミュニケーションが取れない人

社会生活を送るためには、人と人とのコミュニケーションが必要です。しかし世の中にはコミュニケーションが取れない人がいます。たとえすばらしい能力を持っていたとしても、こういう人とビジネスをしてはいけません。社員として採用することはもっての他です。なぜならコミュニケーションが取れない人は普通の人と考え方が根本的に違うからです。

私の友人が、知り合いの歯科医に自分のお母さんのインプラントをお願いしました。友人は、親しい関係だから少しは料金を値引きしてくれると思ったからです。施術が終わって歯科医から来た請求書を見ると通常の金額の2倍だったそうです。歯科医は知り合いだから、お金を普通よりもっと多くくれると思ったらしいのです。コミュニケーションが取れない人とのビジネスはトラブルになる可能性が高いのでやめておいたほうが賢明です。

スゴイ情熱で絶対成功しないことをしている人

意外に困るのがスゴイ情熱で自分のビジネスを広げていこうという人です。性格も悪くないし、自分のビジネスにかける熱意や情熱には凄まじいものがあります。ただ問題なのはそのビジネスがどう考えても成功するとは思えない場合です。中には、それって詐欺じゃないのかなぁ、なんていうものまであります。問題なのは、こういう人は周りの人を巻き込む力が非常に強いので、ビジネスがまだよくわかっていない起業家が巻き込まれるとお金も友人も失ってしまう危険性があることです。知り合いに高額な商品を紹介し、納品前に倒産してしまった会社もあります。

友人はある会社から補助金、助成金の書類作成の手伝いをして欲しいと頼まれました。その会社は営業力があるので仕事をバンバン取ってきます。当初はまともな会社だったのですが、会社が大きくなるにつれ社員の質がどんどん落ちていき、必ずお金がもらえますとオーバートークで契約することが多くなりました。結局、国からお金は支給されず、友人はお客様に違約金を支払ったそうです。

もしビジネスで関わり合いになりそうになったら、冷静にその人がやっているビジネスが現実的にうまくいきそうなのかを考えてから行動してください。

抽象的な話をする人

政治家に限らず抽象的な話ばかりする人がいます。ある年配の社長は「社長っていうのは社員が生き生きと働けるような場を作んなきゃいけないんだよ」と力説されていたので私は「それは具体的にどうしたらいいのでしょうか」とお聞きするとそれは自分で考えるんだよと言われました。私は抽象的な話が苦手なので、あなたの会社では具体的にはどうしているんですかと聞くと今は考え中なんだそうです。抽象的な話をする人というのは、人を煙に巻いてごまかそうとする人たちばかりです。具体的な話をすると化けの皮が剥がれてしまうからなのかもしれません。抽象的な話ばかりする人とお付き合いするのは疲れますし、仕事にもつながりません。

自己評価が高い人

世の中には自信満々の人がいて、自分はすごい人だと心の底から思い込んでいる人がいます。この手の自己評価が高い社長は、少ない知識を学んだだけですべてがわかったつもりになる人です。自分は仕事ができる、失敗しないと思っていますから全てに楽観的です。だから人の話はちゃんとは聞きませんし、他人を尊敬することもありません。こういう自己評価が高い人のアドバイスは絶対に聞いてはいけません。

本当に頭のいい人というのは、自分よりも頭のいい人、仕事ができる人なんていくらでもいると思っています。故に自分はまだまだ全然ダメだと常に学び続ける人です。驕り高ぶることはありませんし、尊敬を惜しまない人です。

この契約があるから僕はもうお金には困らない、一生安泰だよと威張っていた社長は今、自宅を売り賃貸アパートに暮らしています。キャバクラのＶＩＰ席を予約してくれた大金持ちの社長は今、居酒屋チェーンの部長で働いています。一時は成功したとしても自己評価の高い人の成功は長く続かないのです。自分を特別な人間だと思わない、謙虚に人の話を聞くのは成功への第一歩だと思います。

行政の人

起業時は仕事がなかったため行政が行う入札や抽選等にも応募していました。しかし当社が選ばれることはありませんでした。あるとき、先輩経営者に「井上くん、君の会社が選ばれるわけないじゃないか。行政は依頼する会社を先に決めているんだよ。行政としては昔からの付き合いで決めましたとか僕の友だちなんでこの会社にしましたなんて言えるわけないじゃない。だから一応、形だけ入札とか抽選とかをするだけなんだよ」と笑って言われました。

また親しくしている県の課長は「中小企業に依頼して、もしダメだったら俺が責任取らなきゃならない。だから行政はそもそも大手企業にしか頼まないんだよ」と言いました。私は「でも大手にしか発注しないなんて言えないですよね」と言うと、課長は「そんなのいくらでも方法はあるんだよ。例えば何か問題があった場合、翌日までに全国対応しなければならないとか、この仕事を受注する場合、1億円のコストがかかる可能性があります。みたいなことを言えばたいていの中小企業は自然にいなくなるからね。知り合いの大手企業に安い相見積もりを出してもらって中小企業を排除する方法もある。大手企業には持ち回りで仕事を出すからハイハイとすぐやってくれるよ」と言っていました。

起業家は行政から仕事をもらおうなんて思わず、本当の意味でのお客様獲得に注力すべきです。

Column

とにかく面倒くさい人とは付き合わない

十数年ぶりに会った後輩と呑んだときのこと。昔話に花が咲いたときに、突然彼は「井上さん、まだ〇〇さんとお付き合いあるんですか」と聞かれました。「〇〇さん懐かしいな。もう何年も会ってないけど、仕事はしているみたいよ」と答えました。

彼はそうですか、付き合ってなかったんですね。よかったです、被害に遭わなくて。と笑っていました。

その人は、ひと言でいうと面倒くさい人なんです。

・何かやるときはいちいち有識者を集める
・あなたも儲かるよと言って人を集める
・すぐにお金払うよと誘う

別に問題ないのではと思うかもしれません。ひとつ問題があります。こういう人は新規のビジネスがうまくいったためしがないのです。みんなが一所懸命お膳立てしても、気に入らないと壊します。もっと儲かる方法を見つけるとみんなをお払い箱にします。自分がこのビジネスに飽きてしまい終わることもあります。集められた人は、いつもお金になりません。ああ、またかとガッカリです。

別に悪気があるわけではなく、むしろみんなに儲かって欲しいとさえ思っているんです。ただ儲かるかどうかわからないビジネスなので自分の社員は使いたくないのです。そんなリスキーな新規事業に誰も参加したくないですよね。スタート時のリスクは他人に任せ、儲かってくると俺が立ち上げたビジネスだと出張ってきます。

起業家は、こういう面倒くさい人から遠ざかる必要があります。あなたはいろんな仕事をさせられ、最後は連絡もなくお払い箱です。あっ！この人面倒くさい人だ、と感じたら、そーっと逃げるのが一番です。

第6章

ビジネスで成功するカギ

「成功するカギなんて言われても、僕はフリーランスとして生きていきたいだけ。そんなにたくさんお金が欲しいわけじゃないし、人を雇うつもりもない」。

この本を読んでいる人の中にはこういう人も多いと思います。残念ながらそれは無理なんです。あなたが望む、望まないにかかわらず、あなたは「経営」というものを考えなければなりません。

世の中はどんどん変化しています。昔のテレビドラマを見ると、一見今とほとんど変わりがない気がします。ただ、よく見ると机の上にパソコンはありませんし、灰皿が置いてあります。昔、電話は家か電話ボックスでするのが当たり前です。あなたが使っているスマホだって十数年前はありませんでした。こうした時代の変化、ＩＴの進化によりあなたのビジネスがなくなる可能性もあります。

国税庁が２０２４年に公表したデータだと法人の65％が赤字だそうです。つまり3社に2社は稼いだお金よりも使ったお金のほうが多いということになります。上場企業でさえ赤字の会社はたくさんあります。昔は業績がよかったものの、時代の変化で赤字に転落してしまったのです。だからフリーランスといっても経営を学ばなければ、数年後には倒産ということになるかもしれません。

とはいえご安心ください。経営といっても、そんなにスゴイ話ではありません。一つひとつはシンプルなことの積み重ねなのです。

コミュニケーションからしか仕事は生まれない

起業家は、大企業のように広告をCMで流したり、販売店網を使ったりして全国展開するといった大がかりなことはできません。地道にお客様を開拓して一軒一軒販売していくことになるでしょう。しかし知名度がないあなたにコンスタントに仕事が来ることはありません。起業家が成功するための唯一の方法は「紹介」です。

紹介される人になる

真面目に仕事をしていれば、その仕事ぶりに感心しお客様が知人を紹介してくれると思います。ただ時間がかかりますし、そう簡単に大切な知人を紹介してくれるかというと、なかなか難しい一面もあります。

ビジネスは、究極的に言うと「人から」お金をもらう行動です。故に人とのつながりが最も重要です。よく企業が行政や大企業で偉かった人を高い給与で雇うことがありますが、それはその人の仕事ぶりではなく、その人の「人脈」にお金を払っているのです。そして、その人脈を使って人を紹介してもらい、ビジネスにするわけです。

とはいえ、ここでお話したいことは、そんなに大きな話ではありません。お客様からだけでなく、あなたの周りの人から紹介される人になろうというお話です。

紹介されるためには

正直に言うと、お金につながりそうな人を紹介してもらえればいいだけの話なのですが、そんなに世の中はうまくいきません。残念ながら起業家には信用がありません。そのためにまずあなたの信用を作らなければなりません。それには人の役に立つこと、人が困っていることを手伝ってあげることが必要です。人に誰か紹介して欲しいと言われたら、その道に長けた「有能な人（技術、能力、知識のレベルが高い人）」を紹介してあげましょう。こういった細かいことの積み重ねが信用を作っていくのです。

ただここでひとつ注意点があります。それは、お金をもらってはいけないということです。ここでお金をもらってしまうとせっかく作った信用が帳消しになってしまいます。また周りの人から便利な「なんでも屋」として記憶され、小銭で使われる人になってしまうかもしれません。

こうした地道な努力を重ねていくと、ようやく有力者を紹介してもらえることになります。ここで言う有力者とは、さまざまな人脈を持ち多くの人から信用されている人です。知人から単に見込み客を紹介してもらうよりも、有力者を紹介してもらうほうが将来のビジネスに役立ちます。有力者を紹介されるということは、紹介者があなたを人間的にも能力的にも認めたということになるので、さらに周りの人からの信用が増えていきます。

うまくコミュニケーションを取るには

すぐに親しくなり、うまくコミュニケーションを取るにはどうしたらいいでしょうか。難しい話ではありません。笑顔で話しかけること、相手に興味を持ってなんでも質問し、相手をよく知ろうとすることです。そのうえで、自分のことを積極的に知ってもらうことです。これがコミュニケーションのスタートです。

人はよく知らない人、信用しない人、自分に関心がない人には紹介も提案もしないものです。できればその雑談の中で自分がどんな能力を持っているか、自分の実績をそっと伝えたいものです。その後は定期的に連絡を取り信頼の絆を太くしていきます。すると有力者は知人の有力者を紹介してくれることでしょう。こうしてあなたのビジネスは成功に向かって正回転で転がっていくことができるのです。

ライバルと違うことをする

すぐれたＡＩを積んだコンピューター同士が戦ったとします。さて、どちらが勝つでしょうか。正解は「引き分け」です。将棋に「千日手」というものがあります。これは双方が同じ手を繰り返すため１０００日たっても終わらないという意味だそうです。

会社経営も同じです。相手と同じことをしていたらいつまでたっても勝ちはありません。ライバルがこんなことを始めたぞ、よしウチもそれをやるぞ。なんていうことをしていたら、いつまでたっても埒《らち》があきません。ビジネスで成功するカギはライバルと違うことをすることなのです。

経営とは継続して利益を上げていくこと

あなたは同時期に起業した仲間が儲かる仕事やいいクライアントに恵まれて成功しているのを見て、いいな、うらやましいなと思うかもしれません。安心してください。焦る必要は何もありません。起業や会社経営というのは継続して利益を上げていくことが重要なのです。一時的に、お金をたくさん持っているからといってずっと成功するとは限りません。私自身、最初の10年間は生活するだけで精一杯でした。周りでは早くに成功して高級車に乗っている人もいました。そういう人を見て私もいいなぁ、うらやましいなぁと思いました。当時、私が乗っていた車は営業用の軽のワゴンです。

でもその人たちは今どこにもいません。会社が倒産してしまったのです。ビジネスは永遠に続く戦いです。だからあなたはこういう人たちに惑わされずに、焦らず仕事をしていけばいいのです。

運をつかむ

よく聞くのが、あの人は運がいいとか運が悪いといった「運」の話です。「僕は運がよかったです。すごく会社が苦しいときにあの仕事が来なかったら、うちは倒産していました。ラッキーでした」というような話をよく聞きますよね。私は占いとか神様とか非論理的なものは好きではありませんが、運というのはたしかにありそうです。

では会社経営は、運頼みなのかというとそういうわけではありません。ただうまくいっている人というのは、なぜか運をつかむ力が強いのです。

あなたの友人が貴重なチャンスを逃したりすることがありますよね。そんなときにあなたは、「すごいチャンスだったじゃないか。どうしてあのとき、お前はそのチャンスをつかまなかったんだ」なんて言うかもしれません。しかし友人はキョトンとしています。

あなたの友人はなぜチャンスに気づかなかったのでしょうか。それは運をつかむための準備をしていなかったからです。運というのは気づかなければ通り過ぎてしまうものです。そのために運が来たときに運を確実にキャッチできる準備をしなければなりません。

運をつかむための準備

それでは、運を確実につかむ、あるいはチャンスだと気づくには、どうしたらいいのでしょうか。それはあなたのビジネスの周辺知識を身につけることです。例えばあなたが運送業を営んでいるのであれば、郵便局はどうやって配達しているんだろう、海外の運送業はどうなっているんだろう、飲食の宅配は……と周辺知識を身につけていきます。次に海外の場合は運賃の支払いはどうなるのだろう、為替はどうなっているんだろう、ウーバーイーツのお金の流れはどうなっているんだろうと視野を広げていきます。こうやって知識を身につけていくと、今まで見えなかったチャンスが、あなたの目に見えるようになるのです。運とは、あなたがその知識を持っていなければ、そのまま通り過ぎてしまうものなのです。

知識を持っている人には運が土砂降りの雨のように見えるかもしれません。私はどうかというと、悲しいかな運の雨の1％も見えていないと思います。私が知らない分野、たとえば化学を学んだ人や建設工事に詳しい人、ゴルフやサーフィンが得意な人と話しても、その知識がない私には彼らの話からは運が見えません。たぶん「へー、すごいですね」と聞き流して終わりになるでしょう。

いつもとは違う道を歩いてみる。いつもとは違う電車に乗って会社に行ってみる。駅やビルの看板、飲食店、道を歩いている人の行動。知識がついてくると「あれっこれって、この間読んだ本に書いてあったな」。こうした景色の中からも、あなたのビジネスに役立つものが見えてくるかもしれません。

運をつれてくる人脈

私は、もともと会合とか特定の人が集まるような集会には興味がないので、ほとんど行かないのですが、知人にぜひと誘われ仕方なく行く場合もあります。会場の扉を開けた瞬間に、さまざまな動物たちが獲物を求めてさまよい歩いています。起業したてのうさぎを騙そうとしているキツネ、偉そうに演説をぶつタヌキ、成功したトラに媚びへつらうハイエナ。会を運営するサブスク・ペンギン。

商売は人脈が大切と言う人がいます。ビジネスや人の紹介、レアな情報。こういったものは人を介してしかやって来ません。故に人脈が大切というのは正しいと思います。ただ人脈の定義が違います。人脈というのはお互いに親しい友人同士だというこ とです。単にその人を知っている、一度会ったことがあるなんていうのは人脈でもなんでもありません。名刺の数やフォロワーの数なんていうのは人脈とはまったく関係ないのです。人脈を名刺交換やSNSで作れるならば、世話はありません。

私は人脈というものは人為的に作るものではなく、自然に発生してくるものだと思っています。それにはなんでも腹を割って話すことです。たまに「親友って何人いる？」という話をする人がいます。人に話せることと話せないことがあるのでしょう。もしこれが親友の定義ならば、私には親友が100人以上います。口止めされている秘密の話以外はなんでも話します。自分のことで人に聞かれて困ることは何もありません。すべて話してしまうからです。逆にわからないことは聞きますし聞きにくいことも聞いてみます。怒られるかもしれないけど突っ込んで聞いてみます。裏も表もありません。こういうことから人脈というのは始まり、広がっていくのです。付き合ってみてその人がいい人だ、楽しい人だ、信用できる人だとお互いが感じて友人になる。お互いに何の尊敬もない人とのつながりはまったく価値がありません。

運はアイデアと共に落ちてくる

知識によって運をキャッチする「面積」が増えました。信頼できる友人が増えることによって運が落ちてくる「回数」を増やすことができました。これであなたは、いつのまにか運が落ちてくる場所に偶然立っているようになるのです。

ところで、運とは不思議なもので、なぜかアイデアも一緒に落ちてきます。あなたはそれを拾うだけです。アイデアというものは考えて考えて思いつくものではありませんし、みんなと考えて無理やり出すものでもありません。アイデアというのは知識と知識がつながり合うと自然に生まれてくるものなのです。すぐれたコンピューターに少しのデータしか与えなかったら　間違った回答が出るのと同じように、少しのデータしか持っていない人のアイデアは貧弱なものとなります。多くの知識を身につけたあなたからは精度の高い、すばらしいアイデアが生まれてくることでしょう。そして多くの友人たちの力を借りて実現するのです。

プロの仕事をする

起業当時、ある会社のコンピューターシステムを作ったときの話です。当社が作ったシステムにはバグがあり、納期も遅れていました。そのときに発注者側のプログラマーから言われた言葉が今も心に残っています。「このシステムは俺でも作れるんだよ。どうして井上さんの会社に頼んだかというとプロだから頼んだんだよ。プロだったらプロらしいシステムを作ってよ」という言葉でした。耳が痛い話です。

起業するというのはプロになるということです。ボランティアでもアマチュアでもありません。フリーランスになったら、起業したら、あなたはすでにプロなのです。だからあなたが作る商品やサービスはプロのクオリティでなければなりません。ネットや広告宣伝にはいくらでもすばらしいことを書くことはできます。しかしそのクオリティが低ければ会社経営は継続できません。

継続するには商品やサービスが本物でなければなりません。中途半端なものやいい加減なものは最初こそ売れるかもしれませんが、どんどんお客様が離れていってしまいます。そして最終的に会社は倒産します。だからあなたが売る商品はすばらしいものやサービスでなければならないのです。

プロの仕事を宣伝する。それが広告

すばらしいものならば売れるのかと言うとそういうわけではありません。誰も知らないものは売れないからです。すばらしいものを宣伝する、プロの仕事を宣伝する。それが広告なのです。会社経営がうまくいかない人というのは、自分の商品や仕事の質よりも広告や宣伝ばかりを重視します。どうやったら売れるだろう。どうやったらお客様が集まるだろうということばかりを考えています。

すばらしいかどうかは、買った人がまた買ってくれるかどうかでわかります。そういう人は知り合いに「あれいいよ」と勧めてくれるかもしれません。もしリピートがないのであれば、あなたが売っている商品やサービスはすばらしいものではない、つまりプロの仕事ではないのです。たとえ一時的に売れたとしても次はありません。はじめはよくても、結局は尻すぼみです。起業したらプロの仕事をするのは大前提なのです。

パソコンの前から離れる

よく、今はネットがあるんだから地方都市に会社があっても平気、情報はいくらでも入ってくる。自宅で仕事しても全然問題ないという人がいます。これは社長には当てはまりません。毎日の仕事が決まっている社員ならともかく、社長ならとにかく外に出るべきです。

ネットというのは検索しなければ何も出てきません。この検索が問題なのです。検索というのは自分の興味、自分が知りたいことで検索するわけです。あなたの検索結果に深海魚のことは出てきますか、工事現場で使う機械のことは出てきますか。出てきませんよね。検索はあなたの視野を狭めてしまうのです。

例えば本を買うならアマゾンで買えばいいという人がいます。しかしアマゾンで買うとなると、ベストセラーやあなたの興味から探すわけです。これではあなたがまったく知らない情報を手に入れることはできません。またエコーチェンバーといって、自分と似た考え方の人をフォローすることで、同じようなニュースや情報ばかりが流れてきます。これではあなたの知らない新しい知識は増えていきません。

あなたの意思が働かない、あなたがまったく興味のない知識をどれだけ身につけるかが会社経営には、意外に重要なのです。例えば書店にぶらぶら行くとタイトルや絵にひかれて手に取ることがありますよね。美容院でたまたま手にした本をペラペラとめくると興味深い話が書いてあった。こういうことが会社経営に役立つのです。書店に限りません。デパートやモールでも「あっ、これってうちが使っている部品に似ているな」「おやっ、この羽子板はうちの店で皿として使えるかもしれない」「扉の取手が小さいフライパンだったらお客様にうけるな」ということが起こるかもしれません。

だから私は時間があれば通りすがりのさまざまなお店に顔を出します。電気街やマニアのショップにも行きます。そうすると今まで知らなかった世界が見えてきます。レトロなポケモンのカードは10万円もするんだ。バイクの手袋はワークマンで十分だな。こういった「まったく使えない知識」がどんどん入ってきます。ところが、こういった使えない知識、あなたの興味外のものが、将来ふとしたときにあなたの商売や新規事業のヒントになるかもしれないのです。椅子に座りパソコンやスマホを見て世の中がわかったような気持ちになってはいけません。まずどこでもいいから外に出てみることは必要だと思います。

料理が美味しくない飲食店は繁盛しない

たまにこういう質問をする社長がいます。マーケティングで有名な人のセミナーを聞きました。Ｗｅｂマーケティングはきちんとセオリー通りやっています。プレスリリースはもちろん、ネットに広告も出しています。テレアポ会社に委託して営業もしています。なのに全然売れないんです。ターゲットが違うんでしょうか。それともマーケットを変えたらいいのでしょうか。どうしたらいいのでしょうかと聞かれることがあります。

私は答えます。「たぶん、誰も欲しくないんですよ」。

誰も欲しくないものを、世の中の誰かは欲しがっているのではないかと思いこみ、勝手にニーズがあると判断してしまう人がいます。誰も欲しくないものは当たり前ですが誰も買いません。

よほど自信があるのかもしれませんが、自分の商品のレベル、品質を疑わない人もいます。商品、品質というのは日々他社も向上しているのです。仮に前はすばらしいものだったものでも、時の流れによって陳腐化してしまっているかもしれません。

前述したように「商品はすばらしいものでなければならない」というのは商売の大前提です。たとえ最初は売れたとしてもすばらしい商品でなければ、明日はありません。料理が美味しくない飲食店はどんなに宣伝しても繁盛はしないのです。

どんなにきらびやかな広告もお客様の心を打つ広告も、あなたの商品がどこでも売っているものであれば売れませんし、チンケなものなら最初は売れても二度とあなたの商品が買われることはありません。だからあなたが売る商品は、常にすばらしいものでなければならないのです。ビジネスというのは継続性です。どこでも売っている商品を他社と同じように売るのは、ビジネスではないのです。

誰にでも覚えてもらえる名前をつける

たまに起業家の人から、なんと読んでいいのかわからないようなアルファベットの会社名が書かれた名刺をもらうことがあります。そういうときには「すみません、なんとお読みすればよいでしょうか」と聞くことになります。初回はまだいいのですが、二回目にお会いしたときに覚えていないと非常に気まずいことになります。

会社名だけでなくサービス名やサイト名も同様です。一所懸命考えた言葉なのでしょうが、そもそも誰も読めなければ意味がありません。昔ならともかく今は名前が読めないからといって、いちいち調べる人はいません。読めない名前は他の人に伝えるときも大変です。「これはローマ時代のラテン語で何々を意味しているのです」と、とくとくと話す起業家がいますが、そんなこと知るかいと笑ってしまいます。

当社が30年前、税理士に売っていた会計ソフトは「ひまわり」というソフト名でした。もっとカッコいい名前にしようと思ったのですが、税理士は高齢者が多いということもあり、誰でも知っている「ひまわり」という名前にしたのです。すでに販売を終了して20年以上たちますが、未だに高齢の税理士からは「オタクはひまわりというソフト売っていた会社だよね」と言われます（まぁそう考えると、高齢の税理士には今のフリーウェイジャパンという会社名はわかりにくかったかもしれませんね）。

商圏よりもライバル数

昔、ある人が税理士試験に合格しました。「どこで開業したら成功するでしょうか」と彼に聞かれたので私は、駅はできたもののまだ開発が進んでいない、あまり人も住んでいないある県の駅を指さしました。そして30年。駅前は開発され、マンションが多く建ちました。人が増えるにつれて商店街も充実してきました。その税理士事務所は職員50名を超える大きな事務所に成長しました。なぜ私はその人に当時誰も住んでいないような場所をお勧めしたのかというと、半径数キロ以内に税理士事務所が1件しかなかったからです。

起業しようとする人は、人がたくさんいる場所、繁栄している町を目指します。そういったところはたしかに潜在顧客が多いと思いますが、ライバルもたくさんいます。特に開業したてでは知名度がないため、昔からその地域に根ざしている同業者に勝つことはできません。

人口1万人の町で、その事業を行っているのがあなたしかいなければ、1万人がすべて潜在顧客になります。価格競争もありません。では人口10万人の町にライバルが10社あったらどうなるでしょうか。潜在顧客数は先ほどと同じですが、必ず価格競争が勃発します。安売り合戦が始まり10社すべての利益は減っていくでしょう。店舗のある事業を起こす場合には、立地場所を慎重に考えることが必要です。安易に商圏やイメージだけで開業するのは危険だと思います。

ちなみに店舗がないビジネス、インターネットを使って全国に販売している会社の場合には本店はどこでもかまわないと思うかもしれませんが、販売する商品や業種によってはそうとも言えません。やはり本社が大都市圏にあると、信用というイメージがつきます。あなたもネットで買い物をするときに会社が地方都市の◯◯アパート3号室なんて書いてあったらちょっと不安ですよね。

ある通販会社は東京の銀座にあるのですが、ビルはボロボロで5階建てなのにエレベーターもないところに本社があります。貴金属を取り扱っているのですが、毎月コンスタントにネットで売れています。

差別化の本当の意味

差別化とは「真逆」をすること

よく差別化戦略と言ってライバル会社にはない機能をつける、ライバル会社よりも手厚いサービスを行うなどさまざまなことをする起業家がいます。ただ悲しいかな、お客様が望んでいないことはすべて意味のない差別化でしかありません。

では意味のある差別化というのはどういうものでしょうか。それはライバル会社の真逆をすることです。もし駅前で商売をしているライバル会社があれば駅から離れた大きなロードサイトで店を開く、大盛りのラーメン店があるならむしろ小さくしてみる。こうした真逆のことをするのが差別化なのです。

・広ければ狭く、狭ければ広くする

・多ければ少なく、少なければ多くする
・色が青なら赤く、赤なら青くする
・長ければ短く、短ければ長くする

大型電気店では2割引、3割引でテレビやエアコンを売っています。取り付け手数料も無料です。しかし、その近所の小さな電気店で買うお年寄りが意外に多いのです。私の親もそうでした。商品をすべて定価（希望小売価格）で販売しているので価格はだいぶお高めです。ただ、この小さな電気店、設置はもちろん、困ったときにはすぐ駆けつけてくれます。電球1個でも交換してくれます。自社が販売していないケーブルテレビの配線もしてくれました。

安いものを買いたい人は大型電気店で買うでしょう。ただサポートが必要なお年寄りはこの小さな電気店で買うのです。

差別化とはお客様を選ぶこと

商品として一番売れないものはターゲットがはっきりしていないものです。言い換えれば世界中の誰もが欲しがるようなものです。こういったものは得てして売れません。なぜかというとターゲットがぼやけているからです。商品というのは個性が一番重要です。その個性も際だっていればいるほどコアなお客様は満足します。反面、これにしか使えないんじゃ意味がないというお客様もいます。こういうお客様はあなたのビジネスには不要な人です。

価格にも同じことが言えます。安ければなんでもいいというお客様がいる一方で、高くてもいいものが欲しいというお客様もいます。昔、安くて美味いと言われていた飲食店で成功している店は、みんな高くて美味い店に変化しています。

起業当時は、あなたにも会社にも信用がありませんから安く売ることは重要です。まずは知ってもらわないと次のステップには進めないからです。その後、だんだんと価格を高くしていきます。もちろん商品の品質も上げていきます。そして十数年後、あなたは「高いけれどいいものが買える店」に変化させていくのです。もちろんそのときには客層が変わっていきます。安いから買っていたのにというお客様は離れていくでしょう。でもそれでいいのです。商品やサービスを作るときに一番重要なのはすべての人を満足させるようなものを作らないことです。差別化というのは、商品を変化させるのではなく、お客様を選ぶことでもあるのです。

ソリューションの罠

ソリューションというのは問題解決です。あなたの商品が売れてお客様が増えてくるとお客様から「ここを直したほうがいい」「こうして欲しい」という声が聞かれると思います。こういう意見を取り入れることは悪くありませんが、これだけにとらわれてはいけません。お客様の問題を解決することとあなたの商品がもっと売れることとはあまり関係ない場合が多いからです。そもそも買ってくれたお客様というのは、あなたの商品を使ったから問題点や改良点に気づいたのです。こうしたことは、まだ買っていないお客様にはわからないことです。だから問題点を解決することと売上が伸びることとは別の話なのです。

経営コンサルタントが、「購入したお客様を分析しましょう。お客様が買ってくれた理由を探しましょう」などと言ってくる場合があります。半分は正解ですが、半分は間違いです。買ってくれたお客様を分析してわかることは買ったお客様のデータです。当たり前ですよね。あなたの商品を買わないお客様、買ったけれどもう使っていないお客様、店に来なくなったお客様の分析はできないわけです。特にお客様が少なくなっているとき、購入してくれたお客様の分析をすることは逆効果かもしれません。

もちろん買ってくれたお客様の問題を解決することは大切です。特にサブスクやリピート購入する場合などは非常に重要です。ただソリューションだけにとらわれてしまうと、新しいお客様を逃してしまうことにもなってしまうので注意が必要です。

人を雇う

会社経営で決断しなければならないことがひとつあります。それは人を雇うか雇わないかということです。フリーランスとして、ずっと一人でやっていこうと思っていたのにお客様からの評判もよく、どんどん売上が上がっていき、誰か手伝ってくれる人がいないかなと思う場面が訪れるかもしれません。

人を雇わなければ、お金がなくても自分だけが我慢すれば済みます。しかし、人を雇ってしまった瞬間から給与を必ず支払うという責任が発生します。あなたの商品がどんなに売れなくても、雇った人が全然仕事ができなくても給与は払わなければなりません。これが人を雇うということです。

人を雇うか雇わないかの判断は、まずあなたの会社が赤字か黒字かということです。もし赤字ならば人を雇ってはいけません。さらに赤字になってしまうからです。会社のトップ営業社員であり、販売している商品のすべてを知り尽くしているあなた自身でさえ黒字にならないのに、素人を雇って黒字になるはずがありません。

ただ迷うのはある程度黒字になっている場合です。これには正解があるわけではありませんが、私は、あなたの役員報酬と会社の利益を足して1000万円あるかどうかで判断すればいいと思っています。

人を雇ったからといって必ず売上が伸びるわけではありません。売上がまったく同じになることもありますし、下がってしまうということすらあります。社会保険や交通費も支払わなければなりません。新しく雇った人がまったく売れなくても雇える金額、それが「あなたの役員報酬と会社の利益を合わせた1000万円」が基準になると考える理由です。

アルバイトを雇うか正社員を雇うか

会社の利益があまりない場合には無理して正社員を雇う必要はありません。今や社会保険料はとんでもない金額にまではね上がっています。これからもどんどん増額されていくでしょう。また正社員はどんなにダメな人でもクビにすることが日本の法律ではできません。昔、当社でも3ヶ月間ずっと無断欠勤の社員をクビにしましたが、しばらくして不当解雇の通知が労働基準監督署から送られてきました。

正社員を雇うのはどういう場合かというと「考える仕事がある」場合です。言われたことをやるだけだったらアルバイトでいいのですが、言われたことの意味を理解し行動して欲しいと思った場合には正社員を雇うことになります。

とはいえ起業家はもちろん中小企業にも、優秀な正社員は入ってくれません。私も起業してから10年くらいは高いお金を払って求人広告を出してもレベルの低い人しか応募してくれませんでした。

そこで働く時間が限られているような人、お子さんがまだ小さい主婦をアルバイトとして雇いました。これは大正解でした。できの悪い正社員よりずっと優秀です。頭はいいけれど働く時間が限られているので正社員として働けないという人は意外に多いのです。正社員1人分の給与でアルバイトなら3人は雇えますから、アルバイトのほうがずっとコスパが高いと言えるでしょう。

自分より頭のいい社員を採用する

では正社員を雇う場合には、どんな人を雇ったらいいのでしょうか。答えは簡単です。自分より頭のいい社員を採用することです。卵が先か鶏が先かではありませんが、大きな会社には優秀な人がたくさんいます。給与が高く、福利厚生も万全、高層ビルのきれいなオフィス。こういう会社に我々は対抗するすべがありません。だからこそ採用にはお金をかけなければなりません。

結局のところ会社は「人」なんです。頭のいい人、仕事ができる人を雇えば自然に会社は大きくなっていきます。叶うならば、あなたより優秀な人を雇いたいものです。

スポーツチームなら、能力の高い人、才能のある人が選手になり、そうでない人は戦力外となります。その後、年齢による衰えや他にすばらしい選手が出てきた場合、不要になった人は退団していきます。残酷だと思いましたか。でもスポーツチームでは普通のことですよね。それなのに、なぜか会社になると残酷に聞こえてくるから不思議です。本当は、会社もスポーツチームも考え方は同じはずなんですが。

会社とは真に実力だけの世界なのです。「お前は頑張っている奴まで切り捨てるのか。冷酷な奴だな」とあなたは思いましたか。私はできない社員を抱えることによって会社が倒産するのが怖いだけです。成果を上げている社員がこうした人のために給料が少なくなるのが可哀想なだけです。

こういうと意地悪な質問をする人がいると思います。「じゃあお前はどうする。お前が不要になったらどうするんだ」。私は当社の取締役に「私がポンコツになった場合の封筒」を渡してあります。会社にとって不要になった私は社長を辞めることになります。私自身も使えなくなったら切り捨てなければなりません。それが会社なのです。

起業家に必要な性格

失敗する起業家は設立して数ヶ月でわかります。とにかくやることが遅いのです。会社を設立するのもぐずぐずしています。設立時の青色申告の届け出も人から言われて渋々やります。そして1年たって決算を迎えます。こういう人はたいてい、税務申告に間に合いません。なんでやらないのと聞くといろいろ忙しくてなどと言い訳をします。本当は単に面倒くさいからやらないだけなのです。それでもまだ売上や利益が出ているならいいのですが、ほとんどは赤字です。

あらかじめ決められていることすらできない人が、売上や利益を上げることはできません。こういう起業家は会社を設立してもしばらくして倒産します。しかし会社を閉鎖する登記もしません。面倒だからです。ある大手の会計事務所の先生に聞いたのですが、会社を設立して1年で3分の1がなくなるそうです。

私はたまに起業家の人に、子供の頃、夏休みの宿題はどうしていたのか聞くことがあります。毎日、計画を立てて何ページずつやっていました。なーんていう人はほとんどいません。夏休みの最後の1週間でギリギリ間に合わせてやっていました。と言う人がほとんどです。ただ中には、結局間に合わなくて先生に怒られちゃったんですよという人もいます。

なぜそんな質問をするのかというと、夏休みの宿題に間に合わなかった人は起業しても失敗する可能性が高いからです。間に合わなくても気にならない性格というのは起業家としては絶望的です。夏休みの宿題を間に合わせるために友だちのノートを借りてきて丸写ししてもいいし、親に手伝ってもらってもいいのです。どんな手段をとっても間に合わせなければならない性格が起業家には必要なのです。

締め切りに間に合うか、間に合わないかというのはそれほど重要なことです。あなたが外注に仕事を頼んで「いやー、ごめんなさい。間に合わなかったんで」と言われたらどうしますか。あなたの会社に発注した会社からは出入り禁止になり、周りからの信用を失ってあなたの会社は倒産してしまうかもしれません。納期を守る。期限までになんとかする。という能力は会社経営には必須な条件なのです。

起業に薄利多売なし

あなたが思っているよりも売れない

起業家が手を出してはいけないものには何があるでしょうか。そのひとつは低価格で数を多く売らないと商売にならないものです。声を大にして言いたいことがあります。それは「あなたが思っているよりも全然売れない」ということです。特に前職で営業社員として何百万円、何千万円と売っていた人は、自分なら売れるに違いないと思っているかもしれませんが、起業した途端にパタっと売れなくなります。すごく活躍していた芸能人が事務所を辞めた途端になぜかテレビに出なくなり、仕事がなくなるのと同じです。

あなたは今まで会社の信用で売ってきたのです。あなた自身の信用ではありません。私自身もそうでした。会社を辞めた途端、今までのお客様からはまったく相手にされなくなりました。

大手ですら薄利多売は成り立たない

マクドナルドは売上が低迷していたときに取った作戦は「安売り」でした。ハンバーガーの価格をどんどん引き下げ、ついには1個59円になりました。では売上はどうなったかというとさらに下がってしまいました。

マクドナルドでさえ低価格にすると業績が悪くなってしまうのです。起業家ならばすぐに倒産してしまいます。ですから起業家は、一つひとつの利益額が小さいものを販売してはいけません。利益「率」より利益「額」です。利益率がいくら高くても、数で勝負しなければならない商品は必ず、じり貧になってしまいます。最初の数ヶ月なら友人に頼んだりして100個売れるかもしれませんが、毎月コンスタントに100個売るのは難しいのです。

また会員ビジネスやサブスクなど多くの会員を集めなければならないビジネスも、やはり難しいでしょう。参入は容易ですが、継続するのがなかなか大変なビジネスです。当初はあなたのツテや今までのお客様にお願いすることで、そこそこ会員は増えるでしょう。しかしその後、会員数が伸びずに低迷、会員もクオリティが低く、メリットがあまりないため、退会が続きます。

価格が高いものを売る

ではどうしたらいいのでしょうか。それはなるべく単価が高いものを売ることです。価格が高ければ高いほど成功に近づきます。具体的に言うと不動産や建物などです。こうしたものは1回売るだけで何百万円、何千万円という売上になりますし大きな利益も得られます。

先ほどお話ししたように、単価が安いものを新規のお客様に毎月コンスタントに売るのは大変な仕事です。会社の名前も知られていない状況でたった一人の起業家が売れる数はたかが知れているのです。私がコンピューターの消耗品を売っていたときの平均単価は3万円でした。起業する前はひと月に30個、40個売れるだろうと見込んでいましたが、実際に販売してみると半分にも充たない数しか売れません。

結局、軌道に乗るまでに3年以上かかってしまいました。

単価が高く1回売るだけで100万円、200万円の利益が入ってくるビジネスだと2ヶ月に1つ売るだけで会社は成り立ちます。単価が安いものや低価格なサブスクでうまくいくのは大企業だけです。起業家がこれを真似するとすぐに倒産してしまいます。

別に不動産や家の販売をおすすめしているわけではありません。ここで言いたいのは、高い単価のものを売るという話です。もしホームページを売るならば最低でも40万円、理想を言うと100万円は欲しいところです。じゃあ単価を上げればいいのかというとそんなに簡単な話ではありません。単価が高ければ高いほど売りにくくなりますし、高額でも満足してくれるような品質や内容でなければ売れないでしょう。

あなたは既存の会社よりもリーズナブルな価格で多くのお客様に喜んでもらいたいと思っているかもしれませんが、それは成功しなければできないのです。まず起業家は「倒産しないこと」を考えてください。少なくとも1つ売れれば、あなたの生活が成り立つくらいの利益が入る商品を売るのがベストだと思います。

起業家が成功するためには、「お客様が満足してくれるような高いクオリティを持った商品を高い価格で売る」ということを頭に入れておいてください。

情報を得るには知識が必要

ある社長と話をしていたときのことです。その人から私は「井上さんは雑学をよく知ってるね」と言われました。あーこの人は雑学と知識の区別もつかないんだなとがっかりしました。雑学というのはなんのつながりもない「点」の集合体です。富士五湖の中で一番面積が大きいのは山中湖とか、エッフェル塔の高さは300メートルというのが雑学です。とはいえ、この雑学が他の事柄と結びつくと知識になります。

会社経営に雑学は必要ありませんが、知識は重要です。知識が豊富だとどうしてそうなるのかということがわかってくるからです。例えば先日、NHKで日本の株式は欧州からの購入が7割を占めているというニュースが流れました。雑学だと「欧州が7割占めているんだ。へーっ。米国じゃないのか」で終わりです。では知識になるとどうなるかと言うと、米国のノンバンクやヘッジファンドの拠点はタックスヘイブン（租税回避地、低課税地域）に多くあります。タックスヘイブンはケイマン諸島などイギリス領に多く存在しています。だから欧州からの購入が7割を占めているのは、むしろ当たり前だ。と、こうなるのです。

もしこの知識を持っている人と話すと、「ケイマン諸島には日本の銀行もたくさんあって、実はそこで今度うんぬんかんぬん」。こういった秘密の情報が入ってくるかもしれません。情報というのは知識を持っている人にしか入ってこないのです。

特にすごい情報というのは人づてでしか入ってきません。もちろん本やネットには書いてありません。大企業では情報がさまざまな人を介して伝わっていくため、上司に届く前に消えてなくなってしまうことが多いようです。この誰も知らない、気づいていないようなレアな情報こそが起業家にとって最大の武器と言えます。

スキルと知識の違い

ビジネスに行き詰まって、本やセミナーで学ぶ人もいると思います。学ぶことはすばらしいことなのですが、こういった「学び」は大きく3つに分かれます。学問、スキル、知識です。学問というのは、その名の通り学校で勉強するような内容です。否定はしませんが会社経営においてはあまり実践的な話ではありません。

逆に即効性があるのはスキルです。Webマーケティングのやり方やラクして成果が出せる裏技の本、「これだけ聞けばあなたは一人前」みたいなものです。最後は知識です。知識こそがあなた自身の能力に関わる学びです。

この3つの中で起業家は、スキルを学びがちです。スキルは料理のレシピのようなものです。なぜかはよくわからないけれど、素人でも美味しいものが作れますといった便利なものなのです。最初の学びはスキルからでもいいのですが次には必ず、その根拠である知識を学んで欲しいのです。深く知らなくてもすぐ使えるスキルに飛びつくのは、失敗する社長にはありがちです。こういう上っ面な知識が、あなたを窮地に追い込むかもしれません。なぜかというとスキルというのは、少しでも状況が変わったら役に立たないからです。

故に、例えばWebマーケティングのスキルを学ぶのであれば、マーケティングとは何かということも一緒に学ぶべきです。よくあるのが集客したけれど売れない、フォロワーがたくさんいるのにバズらないというパターンです。Webマーケティングで人を集めることはできるかもしれませんが、人を集めただけではどうにもなりません。商売というのは売れなければ話になりません、それにはきちんとしたマーケティングの知識が必ず必要になってくるのです。

即席でコーチングを学んだ人に私はコーチングについて聞きました。いろいろと質問すると彼は最後には答えられなくなり「だって、そう聞くのがいいって言われたんだ」という回答です。スキルというのは基本的な知識があるうえで使うものです。だからスキルだけを取り出して学ぶことはあまり意味がないのです。また知識をずっと学び続けていくと、スキルというものは、いつのまにか自然についてしまうものなのです。

口コミとは表に出ない付加価値のこと

もしあなたが運送屋さんなら、商品をお客様に届けるのは当たり前ですよね。同業者はいくらでもいる中で、お客様からあなたの会社を選んでもらい、評価の高い口コミをもらうにはどうしたらいいでしょうか。それには表に出ない付加価値をつけるのが一番です。

付加価値とは何かというと商売に付随する心遣いなのだと私は思っています。たまにこの付加価値を勘違いして商売とはまったく関係ないものを提供する会社があります。運送屋さんが商品を届けるたびにお菓子をくれたら、ちょっと何かズレてるなという気がしますよね。運送屋さんの商売と関係のないものをあげてもそれは付加価値ではありません。運送屋さんが重い商品を持ってきたときに家の奥まで届けてくれたら嬉しいですよね。これが付加価値です。

この付加価値が多くの人たちに提供されていくと、口コミに変化していきます。あそこの運送屋さんはいいよ。こんなこともしてくれたよという形になります。口コミとは顧客の予想を超えることなのです。思ったより美味しかった。思ったよりきれいだった。思ったよりちゃんとやってくれた。こういったものが口コミになってきます。昔は、いい口コミも悪い口コミも近所だけにとどまっていましたが、今はすぐに日本中に広がっていきます。

ここで注意しなければならないのは、広告と付加価値のバランスです。例えば先ほどの運送会社が家の中まで運びますと広告に明記した途端、付加価値ではなく顧客との約束に変わります。約束は果たすことが当たり前なのです。ですから口コミにはなりません。たまに大げさな広告やすばらしい商品だと自画自賛する広告がありますが、広告に書かれていること、つまりお客様との約束が守られなかった場合、それはクレームになり悪い口コミに変化します。広告にはメリットをたくさん書きたい。でもそれでは付加価値がなくなってしまう。このあたりはジレンマですが、バランスを取った商品設計をしてみてください。

口コミとは「いかにお客様をビックリさせるか、面白がってもらえるか」です。期待を超えたサービス、サプライズを受けた人は、みんなそれを自慢したがります。いろんな人に話したくなります。それが口コミになり、あなたの会社のファンが増え会社も繁栄していくのです。口コミとは顧客の期待を超えることなのです。

普通に考える

あなたは誰かのビジネスモデルや新商品の話を聞いて「普通そういうものって売れないよなぁ」とか「どうやって売るんだろう、誰が買うのかな」と思ったことがありますよね？

そういう物って、たいてい売れないんです。妄想が妄想を生み、変なものができ上がることがあります。私も経験があります。夜中に突然スゴイビジネスがひらめき、メモに書きとめました。翌朝、書いたメモを読むと「なんだ、たいしたことじゃなかったな、そもそもビジネスとして成り立たないじゃないか」とため息を付いたことが何度もありました。

まずビジネスを思いついたら、普通に考えてみることが必要です。たまにあるのが「なんでも合体商品」です。多機能すぎてこれ結局なんなのという商品や、本来の機能とはまったく関係ないものがたくさんついている商品もあります。

わかりにくいもの、説明しづらいものというのは得てして売れないものです。お客様はたくさんの機能やさまざまなサービスを求めているわけではないからです。ビジネスモデルや商品を作ったら、無理な部分はないか、複雑になってないかを「普通に」考えてみてください。

会社の継続には信用が不可欠

前述したように、私は起業したときにパソコンの消耗品を売っていました。私はライバル会社に負けないように価格を大幅に下げて販売を開始しました。ダイレクトメールも出しましたし、ポスティングもしました。しかし全然売れないのです。違う商品ならばまだ納得もいくのですが、まったく同じ商品です。しかも当社のほうが安い。にもかかわらず私の会社からはお客様は買ってくれないのです。

当時はまったく理由がわかりませんでしたが、今ならわかります。私の会社には信用がなかったのです。聞いたことがない会社だから、お金を払っても物が届かないかもしれない。壊れているかもしれない。ニセモノかもしれない。ならば、いつも買っているところで買おう。今考えてみれば、こう思われてしまったのでしょう。昔から存続している会社がなぜ強いのかというと「歴史」という信用があるからです。

会社としての信用を作る

信用はお金で買うことができません。では起業家は勝てないのかと言うとそんなことはありません。信用というのは雪だるまみたいなものです。なかなかすぐには大きくなりませんが、こつこつと信頼できる行動をしていけば少しずつでも大きくなっていくのです。

そのためには人との約束を守り続けていくことです。なんだ、そんなものは簡単だと思うかもしれません。しかし倒産する会社というのは、この約束を守れないから倒産してしまうのです。仕入先にお金がないから払えない。納品日に間に合わなかった。こうして約束をどんどん破ることによってあなたの信用はどんどん減っていくのです。約束に「仕方がない」はありません。必ず守らなければなりません。もし約束を破ることがあるのであれば、必ず謝らなければなりません。

昔から言われている格言「信用第一」。これは会社経営の基本中の基本です。あなたにたくさんの信用があれば何か困ったことがあっても必ずどこからか助け船がやって来ます。信用は信用を呼びます。誰か人を紹介するときにあなたはウソつきやいい加減な人を紹介しませんよね。信用できる人を紹介して、その人がきちんと仕事をすることであなたの信用はさらにアップします。

すべてのマーケティングは信用を作ること

なぜ企業がテレビでCMを流すのでしょうか。あなたもおわかりのようにテレビでCMを流すくらいだから売れている、儲かっている、みんな使っていると思わせるためです。上場を目指している会社ならば、上場時に株を買ってもらうためということもあるでしょう。これらはすべて信用を作るためです。ネット広告でよく見る「ランキング1位」「お客様満足度95%」も「お客様の声」やクチコミもすべて信用を作るためのものなのです。

UIは絶対条件

　UIとはコンピューター用語でユーザー・インターフェースの略称です。UIとは簡単に言うと、お客様が買いやすいかどうか、お客様が欲しい商品にたどりつけるか、お客様の疑問に正確に答えられるかどうかです。あなたも目的のサイトにたどり着いたのに、どうやって検索したらいいのかわからない、どうしたら買えるのかわからないサイトに出会ったことがありますよね。私ならこういうサイトで物は買いません。単純にイライラするからです。サイト内をぐるぐる回ってまたトップページに戻ってしまうようなサイトがたまにありますが、このサイトを作った人は、おそらくこのサイトで物を買ったことがないのだと思います。ファッションや化粧品、宝石などサイトの美しさにこだわったページにはこういったひどいUIのものをよく見かけます。お客様は特別な理由がない限りここで物は買いません。同じものを売っているサイトは他にいくらでもあるからです。

これは別にサイトだけの話ではありません。お客様の目に見えるもの、触れるもののすべてがＵＩです。広告やチラシ、お店のメニュー、アンケート用紙、予約申込などすべてのＵＩを完璧にしなければなりません。そうでないとせっかくあなたの会社から買おうと思ってもお客様は途中であきらめてしまうかもしれません。そんなにもったいないことはしたくないですよね。だからＵＩは完璧にしなければならないのです。

会社のすべてにUIを考える

電話でかかってくるお客様の質問に適切に答えられるか、店内で買いたい物の場所にたどりつけるかということもＵＩです。特に人が介するＵＩは完璧にしなければなりません。

あるレンタル会議室のサイトで会議室を予約しました。ＵＩはよくできていてサイト内でのスピードも早い。このサイトはいいなと思い会議室を借りました。ただ料金の振り込み方がよくわかりません。そこで振り込み方を教えてくださいとメールで問い合わせをしました。すると担当者から「入金後にお問い合わせください」という意味不明なメールが来ました。自社で回答する場合はもちろんですが、外部に委託する場合にはまともな人間がいる会社かどうかを確認してください。駄目な人間はすべての売上を消し去ってしまうのです。

さらにＵＩはデザインや案内表示にも及びます。どうやったらお店にたどりつけるのか、地図や道筋にも気を配らなければなりません。

左下の画像は都営新宿線のホームを写したものです。ホームには都営新宿線とは書かれていません。わかりにくいために新宿駅では「こちらが都営新宿線」というプラカードを持ったおじさんがいつも立っています。

スマホの料金や日本の税金のようにわざとわかりにくくして人を騙す手法もありますが、これを起業家がやるとインチキだと評判が下がり、ネットで炎上するだけです。大手はともかく起業家はわかりやすいＵＩを作ることが重要です。

言葉もUI。業界用語を使わない

知り合いからイベントの誘いが来ました。しかし私には何を言っているのかまったくわかりません。IT歴は長いんですけど。

> 今回のテーマは「MPC」と「SBT」です。この2つはブロックチェーンの諸問題に対し、マルチステークホルダーガバナンスによるルールメイキングを目指す「BGIN（Blockchain Governance Initiative Nerwork）」です。

気をつけなければならないのが自然に使ってしまっている業界用語です。会計業界でよく使われる言葉が「自計化」という言葉です。これは顧問先がパソコンを使って自社で経理データを入力することを意味しているのですが、普通の人にはまったく意味不明な言葉だと思います。ある日、銀行の方が見えられて「井上社長、でんさいの件ですがやってもらえましたか」と言われました。でんさいってなんでしたっけと聞くと「でんさいはでんさいですよ」というお答えです。よく聞くとでんさいとは「電子記録債権」のことで手形・振込に代わる新たな決済手段だそうです。

　こうした業界用語は、何気なく使ってしまいがちですが、お客様の前では絶対に使わないことです。業界用語をまくし立てているサイトもたまに見受けますが、意味がよくわからないお客様はすぐに去ってしまうでしょう。お客様はいちいち意味を調べようとはしないのです。

属性の違う人の話を聞く

人間はすべて自分が基準になっています。自分が決してやらないことをする人を見ると、そんな馬鹿げたことをするなんてと驚くと思います。コロナが流行ったときに、コロナをものすごく怖がっている人がいる反面、全然気にしない人もいました。私自身、友人ならば自分と考え方はたいして変わらないだろうと思っていましたが、まったく違うことがあって驚きました。

人間は生まれたときの環境によっても考え方が変わってきます。よく言われるのが経営者の初代と二代目です。両者は明らかに考え方が違います。お金もなく自分で一から切り開いてきた初代と、売上がなくてもある程度は暮らせる二代目では、仕事への執着もお金への関心も違ってきます。初代は会社と自分とを同一視する人が多いですが、二代目の場合には会社と自分は別だとドライに考える傾向があると思います。

よく聞く話として、男の人はこう考えるとか女の人はどうだとかという男女の感覚の違いの話です。もちろん男の人と女の人はDNAが違いますから考え方や行動が違うのは当たり前です。生物としてDNAが違うものはやはり違う考え方なのです。血液型もDNAが違いますから血液型がA型の人とB型の人の考え方が違うのは当然のことです。

ビジネスを作る際には、独りよがりにならないように立場やDNAが違う人に話を聞くのはもちろん、異なる年齢や地域など、さまざまな属性の人の意見を聞くことが重要だと思います。属性が同じ仲間内では評判がよかったのに販売してみたらさっぱり売れないというのは、よくある話です。

情報はわらしべ長者

わらしべ長者の話をご存知でしょうか。わらしべ長者とは、最初に持っていたワラを物々交換をしていくにつれて、最後には大金持ちになる話です。これは現代にも通じる話です。例えばあなたが、人にあまり知られていない情報を持っていたとします。その情報を自分より詳しい人に教えてあげます。するとその人は、俺はこんなことを知っているぞとあなたに違う情報を教えてくれます。あなたはその新しい情報を持って、もっと詳しい人に話をします。するとその人は、あなたにさらに新しい情報を教えてくれるでしょう。こうやってあなたはどんどん新しい情報、誰も知らない貴重な情報を得ていきます。情報とは交換作業です。誰かと交換していくうちにどんどん増えていきます。誰も知らないようなレアな情報は、最終的に情報をたくさん持った人に集まるのです。起業家にとってレアな情報はライバルに勝つための最高のアイテムと言えます。

またこういうレアな情報は人に会うことでしか得ることができません。すごい情報になればなるほど、よっぽど親しくない限りオンラインではやって来ません。とにかく多くの優秀な人と会ってコミュニケーションを取れるようにしてください。

経営コンサルタントが正しいとは限らない

「腕立て伏せをたくさんしたらどうなりますか」という投稿が、あるサイトに掲載されていてスポーツジムの人が回答していました。回答は「腕立て伏せが上手になります」でした。筋肉をつけるために腕立て伏せを何回しても筋力アップにはたいして意味がない。筋肉をつけたいなら他にいくらでも方法がありますと記されていました。

経営コンサルタントの中には、経営理念や経営計画などを教えてお金を稼いでいる人がいます。こんなことを一所懸命に学んだとしても売上が上がることはありません。先ほどの腕立て伏せの話と同様です。作れば作るほど早く、うまく作れるようになるだけで売上も利益も上がることはありません。

経営コンサルタントに言われるままに経営を行い、倒産しそうになった会社があります。起業の先生という人から高額な商品を買わされたものの、結局仕事をやめたフリーランスもいます。彼らは何か自信満々ですから、起業して心細いときには頼もしく思えてしまうのかもしれません。

はっきり言います。彼らは、ほとんどがインチキか勘違いしている人です。関わってはいけません。なぜならすぐれたコンサルタントは、「経営コンサルタント」にはならないからです。すぐれた人は世の中のさまざまなビジネスすべてに精通するなんていうことは無理だと知っているからです。故にすぐれた人は社内統制管理、金融、株式公開といった「特化したコンサルタント」になるのです。

コンサルタントの優劣はインプットの質と量に比例します。経営コンサルタントの人はインプットの質が低く量も少ないために自分が間違っているとは思っていないのです。

本質とは何か

駐車場の本質

意思決定をする際に私が一番重要視しているのは、本質は何かということです。わかりにくいので例を挙げてみます。あなたのお店に来たお客様が車を停められるようにお店の前に駐車場を作ることにしました。建設会社の人があなたに「最大10台の車が停められますけど、どうしますか」と言いに来ました。さて、あなたはどう答えますか。「そんなのたくさん停められたほうがいいに決まっているよね。だから10台で問題ない」と思いますか。

駐車場の本質というのは店舗の売上を上げることです。もしその駐車場が停めにくかったら車の運転が下手な人はお店に来なくなってしまうかもしれません。最近の高級車は車幅が広いので少し広めの駐車場にしたほうがいいかもしれません。もしあなたのお店に来る人が車の運転がうまい人ばかりで、高級車で来る人が少ないのなら10台がベストな回答でしょう。しかしそうではない方が多く訪れるような店であれば、車の駐車可能台数が少なくなったとしても車を停めやすい形にするのが、駐車場の本質です。建設会社の人はマーケッターでもなく、コンサルタントでもありません。

本質を狂わせるもの

友人の社長から会社のサイトを新しくしたいと相談されました。そこでサイト作成では日本トップレベルの会社を紹介しました。担当の人は新人ながら頭の回転も早く、知識も豊富な人です。その彼と社長のところに行き、サイトについて打ち合わせをしました。社長からはさまざまな話を聞き、夜にはお酒もごちそうになり、では頑張りましょうとその会は終了しました。

それから1ヶ月。サイトができ上がってきました。井上さん、一応確認してくださいと言われてサイトを見てみると、すばらしいできです。検索エンジン対策もバッチリされています。これならさまざまなキーワードで検索しても上位に表示されることでしょう。ただ少し違和感があったのです。それは文章です。文章がどこか教科書的というか、ありきたりな文章なのです。これでは検索して上位に来たとしても問い合わせをする人は少ないでしょう。サイトを見に来た人になんの感動も与えられない文章では、人の心を揺さぶることはできません。きれいな言葉でなくていいのです。製品開発は失敗の連続だった。サービス提供までの大変な道のり。なんでもいいのです。なぜなら問い合わせしてくるのは人間だからです。

サイトの本質は何かというと売上を上げることです。そのためには問い合わせをしてもらわなければなりません。そのための手段として検索して上位に表示されるのは重要です。しかし、それが一番ではないのです。広告チラシと同じです。チラシを印刷し配るのが目的ではなく、チラシでどれだけの人が買ってくれるのかがチラシの本質です。

担当の彼は頭がよかったので、問題点にすぐ気づきました。その後は文章を修正し、すばらしいサイトができ上がったのは言うまでもありません。

会社経営の本質はシンプル

「本質は何か」を考えずに行動すると手段が目的化してしまうことがあります。この広告を出す理由は何か。このレセプションに出る本質は何か。こうして本質を考えていると曖昧に物事を決定しなくなります。

広告の本質はお客様が興味を持ってくれること、お店に来てくれること、買ってくれることです。だからきれいな広告、カッコいい広告を作ることが広告の本質ではないのです。すごくきれいだけれど何を言いたのかさっぱりわからないチラシや会社名や商品名すら書かれていない広告もチラホラ見かけます。

人間ですからよく考えてみると意味がないような行動、本質から外れてしまうようなことはたくさんあります。恥ずかしながら私自身、これって結局何のためにやっているんだっけ、何ていうこともあります。

今から行うことは会社の利益になるかどうか、未来のための投資になるかどうかをよく考えて行動してみてください。

では最後に、会社経営の本質とはなんでしょうか。実にシンプルです「利益を継続的に増やすこと」。これだけです。

時代に合わせてビジネスを変えていく

私は起業したとき、ソフトはもちろん、プリンターのトナーやフロッピーディスク（死語かしら）、専用用紙、自社ブランドのパソコンも販売していました。しかし今、これらはすべて販売していません。途中途中で一つひとつ販売を中止にしていったからです。

「ここ数年、フロッピーの売上が落ちてきたから販売はやめて違う仕事にシフトしよう」こんな感じです。営業利益が年間数百万円ある商品もありましたが、やはりやめることにしました。その後、用紙やパソコン、トナーの販売もやめていきました。その分、違う商品の開発や販売に力を入れていきました。

ビジネスは交換作業なのだと思います。陳腐化したものをやめて将来性のあるものへの交換、利益の少ない商売を切り捨てて利益の多い商売へ転換していきます。

もちろん、少しでも利益があるものをあっさりと切り捨てていくのは、もったいないと思ったことは何回もあります。

しかし切り捨てなければ次に行けないのです。大きな会社なら複合的にビジネスを行うこともできるでしょうが、小さな会社の場合には手を広げてなんでもやると成長が止まってしまうのです。

余談ですが、私と同時期にパソコン用品の販売をしていた社長が数年前に、会社を閉めました。彼は私とは逆に取扱商品をどんどん増やしていきました。創業時こそ社員が十数名いましたが最後は社長だけだったそうです。

会社経営は単純な掛け算

起業がうまくいくかどうかは、単純な掛け算で予測できます。それは数量×金額です。この数字が高ければ高いほど、起業時にきれいなスタートを切ることができます。ただ起業してしばらくの間は、これだけでもうまくいきますが、もうひとつ重要なことがあります。それは「どれだけ継続して売れるか」ということです。

会社経営は、継続的な利益です。それを計算式にすると、「数量×金額×継続数」となります。

継続売上がなければ、毎月毎月見込み客を獲得して販売しなければなりません。来月はいくら売れるかわからないという状態では、会社はいつまでたっても安定しませんし、景気の変動によっていつ倒産するかわかりません。継続してサポートしていくことにより、あなたの商品を買ってくれた人が、次のお客様を紹介してくれるかもしれません。売ったら終わりという商売をしている会社がありますが、これは非常にもったいない話です。多少の手間とお金で次の販売につなげることができるからです。

東京の神田に、ある大きな居酒屋があります。20人の宴会予約を入れたところ4メートルのテーブルがひとつです。どう考えても座れません。スペースが狭いため立つこともできません。水みたいなお酒、写真と違う料理です。社員の態度や口の聞き方もひどいため、もうこんな店には二度と来るかと思わせる最悪のお店です。しかし頭にきたからといって1000円、2000円の損でわざわざ消費者センターや裁判所に行く人はいません。

こういうぼったくりの店は一見さんだけを相手にして経営しているため、お客様がだんだん来なくなってきます。そのため数年に一度、お店の名前を変えて同じような商売を始めます。店の改装コストや店名変更による初期コストを考えたら、こんな無茶な商売をしないほうが儲かるはずなのです。

商売というのは継続的に儲けなければなりません。瞬間的に儲けることはいくらでもできるのです。また来てもらうために、また買ってもらうために、お客様が満足するようなクオリティの商品、サービスを提供し続けること。これがビジネスなのです。

Column

起業家よりフリーランスのほうが楽？

本書では起業家とフリーランスを同列に扱っています。ただその仕事内容は大きく異なります。

【起業家】起業当初は収入がないことが多く最初から資金繰りに困ることがある。人を雇うのが前提のため、売上が大きくなるビジネスを選ばざるを得ない。

【フリーランス】人から依頼されてすでに仕事をしている人が多く、起業時にも収入がある。人を雇わないため自分自身の収入だけを考えればよく、自由にビジネスができる。

こう書くとフリーランスのほうが楽に見えますが、問題なのは将来どうなるかです。断言できます。フリーランスとして今やっている仕事は数年後になくなります。

ビジネスに永遠はありません。仕事をもらっている会社が倒産するかもしれません。事業から撤退するかもしれません。新しいフリーランスに切り替えるかもしれません。担当者が辞めてしまうかもしれません。フリーランスになるのなら、突然仕事を切られても生活できるようにしなければなりません。故にいくつもの会社から仕事をもらう必要があります。たったひとつの会社と契約し毎月お金が入ってくる。こんな時代は長くは続かないのです。


私の知り合いのフリーランスにも突然仕事がなくなり途方に暮れ、仕事を取るため飛び込み営業を開始した人、就活をしている人、友人のつてや細い人脈をたどり仕事を探している人がいます。

誰にも負けないようなスキル、技術があれば別ですが、もしそうではないのなら、とにかく早く他の会社とも契約してリスクを分散してください。最低でも3社は確保したいところです。

理想を言えば、フリーランスとして独立し、数年以内に人を雇えるほどの売上やビジネスモデルを作り、会社を立ち上げることだと思います。

第7章 ビジネスの作り方

最初から完璧な会社はない

ディズニーランドがオープンしたての頃、友人と遊びに行ったときの話です。今は大混雑のディズニーランドですが、オープン当時はお客様も少なく、すごく空いていました。待たずに1日ですべてのアトラクションに乗れるほどです。そのときにウエスタンリバー鉄道に乗りました。今でこそ森の中を走る幻想的な汽車になっていますが、当時はまだ森に木が生えそろっていなかったので、汽車の中から駐車場が丸見えです。これでは夢の国ではありません。また、ある上場企業は、社長が自ら夜中までパソコンを組み立ててそれを販売していました。電源を入れるとショートしてパソコンから火が出ることもあったそうです。マイクロソフトのビルゲイツは数千のバグがあることを知りつつウインドウズ95を販売しました。今でこそ世界的な成功を収める会社も、最初から完璧な会社というのはないのです。

起業家の中には最初から完璧にしようと時間をかけ、大きなお金をつぎ込む社長がいます。この熱意はすばらしいことだと思います。ただ起業時に一番大切なのはスピードです。とにかく早くスタートすることが重要です。販売してからどんどん品質をよくしていけばいいのです。お客様の要望を聞いて徐々に変化させていく。売れるもの売れないものを見極める。最初から完璧にしてしまうと後から修正がきかなくなってしまうこともあります。完璧を選ぶかスピードを選ぶかならば、起業家はスピードを選択すべきです。

起業したあなたは、こんなスキルを持った人が来たらスタートしよう、ビルを引っ越ししたらスタートだと理想を追い求めます。しかしすべての歯車がきちっと合わさることはありません。どこかの時点で見切り発車になるのです。

私自身30年以上会社をやってきて理想的な状態になったことは今まで一度もありません。理想的な状態というのはたぶん一生起こりません。だから最低限いけると思ったらスタートするべきなのです。

現在と未来の仕事

起業家は、朝から晩までなんでもしなければなりません。広告宣伝からお客様への販売や納品、サポートやクレーム対応、とにかく時間がありません。毎日がへとへとです。酷なことを言うようですが、起業家はそれだけではダメです。あなたがすべき仕事が、もうひとつあります。それは、未来を予測することです。

あなたは10年後に、電車内の広告は増えていると思いますか、減っていると思いますか。

テレビ局の売上はどうでしょうか。「そんなの増えるわけないじゃないか。今はスマホもあれば、ゲームもある。いつでも映画が見られるし、ケーブルテレビもある。電車の中ではみんなスマホばかりいじっている。テレビや電車内の広告なんか見ないね」。もし、こう予測するならばテレビ局や電車の広告を扱っている会社は今後、売上が伸びるとは考えられないですよね。広告代理店はもちろん、広告を作っているデザイナーや印刷会社の仕事も細っていきます。このように自分の業界以外のことは冷静に分析できるのですが、自分の業界のことだと意外に未来は見えないものです。

未来から現在を逆算する

大手自動車メーカーで専門家が何十人も集められました。彼らに与えられた課題は何かというと10年後のカーナビはどうなっているかを考えレポートとして提出することです。大企業は未来を予測して経営しています。つまり今、販売している商品はすでに10年前に考えられていたものということです。ですから、起業家やフリーランスがその時々に思いついたようなアイデアで勝てるはずがありません。大企業は何年も先の売上を作るため、未来を予測して行動しているのです。

中小企業は過去の売上や数字から「これから」を予測します。過去データから経営計画を立てる税理士もいます。未来から今を逆算する大企業とはまったく逆の発想なのです。

新規事業の考え方

すでに起業した方も、これからフリーランスになろうとしている人も、常に次のビジネス、新規の事業を立ち上げることを頭の片隅に置いてください。今あなたがやっているビジネスは将来、どうなるかわからないからです。今から3年後、5年後ぐらいだったら予想がつくかもしれません。しかし10年後、20年後、あなたの仕事は本当にあるでしょうか。

例えば今、あなたはWebライティングやサイト作成の仕事をしているとします。しかし今後は、AIに取って代わられるかもしれません。「AIにやらせれば5分でできるから、もう君に頼む仕事はないよ」と言われる日が来るかもしれません。

なぜそう言い切れるかというと、私は何回もこういう「時代の転換期」にいたことがあるからです。当社は高額なオフィスコンピューターと同じことをパソコンでもできるというソフトで売上を伸ばしていきました。パソコンが爆発的に売れだした頃なので、多くのお客様が当社の製品を買ってくれました。しかしある日、新聞に当社のライバルであるオフィスコンピューターメーカーから安価なパソコンソフトが販売されると書かれていたのです。

当時、当社は設立して10年もたっていませんがライバル会社は創立30年以上の老舗です。全国に拠点を持ち社員は当社の100倍です。このときはさすがに、どうしよう、もうダメだと思いました。結局、当社のシステムのほうがいいという判断をしてくれるお客様が多く助かりました。先方のシステムの不具合など運もあったと思います。

時代はどんどん変化していくのです。だから今あなたがやっている仕事はもちろん、これからあなたがやろうとしている仕事すら10年後、20年後にはなくなる可能性があります。だから常にアンテナを張って新規事業を考えていかなければならないのです。

未来に売れるビジネスを今から作る

ついこの間起業したばかりなのに、未来に売れるビジネスを作れなんて言われてもなんのイメージもわかないよと思われるでしょう。別に今日、明日それを考えなければならないわけではありません。ただずっと頭の中に「未来を考える」という意識を持っておくべきということです。

私は昔「今、売れるもの」ばかりを作ってきました。「おっ、これはブームになりそうだ。すぐ作って早く売ろう」なんていう具合です。今すぐお金になるものでないと会社が倒産してしまうという状況もありました。こういった新商品は一時的には売れるもののだんだん売れなくなり結局、売上は元に戻ります。そんなときに先ほどの大手自動車メーカーの未来予測の話を聞きました。そこで今は売れなくていいから未来に売れる商品を予測してシステムを開発することにしました。

当時はパソコンにCD－ROMがついていて、そこからソフトをインストールするのが当たり前の時代でした。しかし未来の経理や税金のシステムはCDやDVDでソフトをパソコンにインストールするのではなく、クラウド上でソフトを動かす時代になると考えました。そして2010年に国内ではじめて法人税を計算するクラウドシステムを発表しました。今ならばそんなことは当たり前だと思うかもしれませんが、当時は自分のパソコンにデータがないのは不安だという人、インターネットに接続しなければならないシステムなんて使い物にならないという人もたくさんいました。そんなこともあり当初、ユーザー数は500しか集まりませんでした。1年たっても1000ユーザーです。しかし今ユーザーは55万を超え、国内最大級のクラウド業務システム会社になりました。もしあのときに私が未来を予測してクラウドのシステムを作っていなければ、おそらく他社の中に埋もれてしまったと思います。成功するために必要なのは、今はまだお金にならないことをすること。「未来に売れるビジネスを今から作ること」なんです。

スピードはすべてに打ち勝つ

当社がクラウドの業務システムではなぜトップなのかというとスタートが早かったからです。なぜインターネットモールでは楽天がトップなのかというと、楽天はスタートが早かったからです。世界でヤフーオークションを利用している人はあまりいませんが、日本ではメジャーです。これも同じようにスタートが早かったからです。

未来の予測に終わりはない

未来を予測し早いスタートを切りマーケットで1位になる。ここで安堵してはいけません。楽天もヤフーオークションもアマゾンやメルカリなどに押されているのは、次の未来を予測しなかったからです。未来の予測に終わりはないのです。

成功するとすぐそれを真似たライバルが現れます。こういった会社には先行メリットで勝てるのですが、次に「異なるコンセプトを持った会社」という新たな敵が現れます。異なるコンセプトを持った会社というのは、狙いは先行ビジネスと同じなのですが、ストーリーが違っていたり、周りを巻き込む力だったり、購入やサービスの提供の仕方など、異なる方向性を持ったビジネスモデルです。

こういった後から来るライバルたちに勝つためには、さらなる未来を予測し、準備する必要があります。起業家だから今できることだけをやっていればいい、フリーランスだから別に世の中の流れに合わせていけばいいやという考えはやめたほうが賢明だと思います。気づいたときには、時すでに遅しとなっているかもしれません。紙の広告にこだわっていた知り合いのデザイナーは仕事がなくなり引退しました。

繰り返しますが、経営とは未来の顧客やサービスを予測し新たなマーケットを開拓することなのです。

基軸事業から離れない

起業してしばらくするとだんだん売上が伸びなくなってきます。イベントや奇をてらった広告、セミナーなどさまざまな工夫をしてみますが、なかなか売上には結びつきません。そこで、誰もが考えるのが多角経営です。私自身もさまざまなことをしてきましたが、結局うまくいったのはパソコン周りの事業だけです。さまざまな事業に手を出したおかげで多くのことを学べましたし、そこそこ売上があった会社もありましたが、実際にビジネスと言えるものにまで到達したかは正直、疑問です。

そんな私が言うのもなんですが、もしあなたが新規事業を考えるのであれば、今やっている事業の周辺事業がいいと思います。そうでないと再度の起業と同じことになるからです。もちろん今やっている事業とかけ離れた新規事業が絶対に駄目というわけではありませんが、まずは今やっている事業の周辺、お客様の周辺を考えてみてください。その中に何かヒントがあるかもしれません。

人の結論を鵜呑みにしない

そんな未来の話をしてきたくせに、最後にこういう話をするのも気が引けるのですが、ビジネスのチャンスやヒントというのは未来だけでなく、「終わったもの」にも隠れている気がします。これはもうダメだね。過去の歴史から考えてもわかっていたことだよと世の中をわかったように言う人はいるものです。人は現在と過去を結びつけたがる生き物だからです。

しかし実はここにもチャンスがあります。終わったと言われながらも10年以上続いたビジネスはいくらでもあります。しかもライバル会社がみんな撤退してしまったので、前よりも大きな収益を上げている会社もあります。

人は結論づけられるともうこのビジネスはダメだ、この方法は無理だと考えてしまいがちです。しかし実はそこにすばらしい宝が埋まっているのかもしれないのです。

自分のビジネスをイメージする

下町に行くといろいろな物を売っている店があります。本屋なのに花を売っている店、文房具屋なのにお菓子を売っている店。小学生が文房具を買いに来たついでにお菓子も買って行くんじゃないかという安易な発想なんだとは思いますが、今の子供はそんなに馬鹿ではありません。こういうカテゴリーが曖昧な店、何屋さんかわからないような中途半端な店にお客様は行かなくなります。結果的にどちらの商品も売れなくなってしまうのです。

ここで言いたいことは、自分のビジネスのカテゴリーをはっきりさせましょうということです。先ほどのように複合的に物を売るのが絶対ダメかというと、そういうわけではありません。例えばあなたは「◯◯洋服店」というお店を経営しているとします。そこで流行りのサングラスを置いて売ることにしました。さて売れるでしょうか。お客様は違和感を感じてサングラスを買うことはないでしょう。

ではあなたが経営する店を◯◯洋服店ではなく「トータルコーディネートの◯◯」というお店に名前を変更し、ファッションのお店と定義づけたらどうなるでしょうか。すると同じお店なのにサングラスが売られていてもなぜか違和感がなくなるのです。センスがいい店だと思うお客様だっているかもしれません。

世界観を統一する

ディズニーランドがオープンするまでの本を読んだことがあります。ディズニーランドは当初、千葉県と山梨県が候補地だったそうです。結局、千葉県の浦安市に決まりましたが、なぜ山梨県がはずされたかというと、予定地から富士山が見えたからです。ディズニーランドという夢の世界に富士山という現実世界が見えてしまったらすべてが台無しになってしまいます。こうしたビジネスに一貫性をもたせるというのは、先ほどのカテゴリーをはっきりさせることと同様に重要なことです。同じ理由から、ディズニーランドではたぶんこれから100年たってもいくら美味しくてもどんなにたくさん売れたとしても、焼き鳥やおでんを売ることは絶対にないのです。

そんなことわかるよ。という人もいるでしょう。では、この場合はどうでしょうか。あなたはショッピングモールの運営を任されたとします。出店企業を募集しましたがあまり集まりません。そんなときにFC（フランチャイズ）のラーメン店と100均の会社から出店したいと連絡が来ました。しかしすでに他のFCラーメン店と100均の会社の出店が決まっています。さてあなたはどうしますか。「もちろん喜んで契約するよ。なんでダメなの？」。

ショッピングモールとはお客様が日常的に買っている物を売る場所ではありません。遊びに来る場所であり新しい発見をしたい場所です。そんな場所に近所にもある店がいくつも並んでいたらどうしますか。最初はいいかもしれませんが、ショッピングモールに来るお客様は徐々に減っていくでしょう。ショッピングモールに出店する会社は集客してくれるから契約するのです。人が来なくなったら契約を解除するでしょう。あなたは近所にもあるFCのラーメン店、100均、クリーニング店、保険代理店ばかりのショッピングモールに行かないですよね。

ビジネスは世界観なのです。一貫性をもたせ、あなたの「ワールド」にお客様を引き込む。それが、お客様からの信頼を得るために必要なのです。

これ売れているんだけど売ってみないかと言われるままに、さまざまな商品に手を出す「なんでも屋」の友人がいました。彼は自分がやっているビジネスがうまくいかないためにお金になるものならなんでも手を出していました。あるときは生キャラメルを売り、あるときは痩せる石鹸を売っていました。ある日偶然、駅で会ったときに名刺をもらうとそこには「FCコンサルタント」と書かれていました。それから十数年会っていませんが、彼は今、何を売っているのでしょうか。

金融機関はパートナー

会社経営で一番重要なのが言うまでもなくお金です。お金があれば赤字だろうがなんだろうが倒産はしません。上場してもずっと赤字の会社が倒産しないのは、お金を持っているからです。いずれどこかの会社に吸収されるにしろ、お金が尽きるまでは倒産しません。

たまに無借金経営を目指すなんて言う会社があります。これは非常に危険な賭けです。手持ち資金がたくさんあり、借入の必要がなかったとしても銀行からは必ずお金を借りておくべきです。会社経営が毎年同じことの繰り返しのような時代ならそれでよかったのかもしれませんが、今の時代、明日何が起こるかわかりません。異業種から海外からさまざまな分野からあなたのビジネスに挑戦してきます。時代の流れであなたの業種が、どんどんしぼんでしまうかもしれません。そんなときに助けてくれるのがお金です。故に金融機関とのお付き合いは大切にしなければなりません。

金融機関からお金を借りるのは会社経営を行ううえでの「保険」なんです。金融機関からお金を借りると金利を支払わなければなりませんが、たいした利息ではありませんよね。万一のことを考えれば安い保険料です。だから起業家はお金があってもなくても銀行からお金を借りておきましょう。できれば業績がよく、余裕があるうちにお金を借りたほうがいいでしょう。業績が悪い会社に銀行はお金を貸してはくれないからです。会社経営というのは、いつどんなことが起こるのか誰にもわかりません。売上も上向き、お金もたくさんあったとしても、突然トラブルに巻き込まれ、お金が必要になることがあります。そんなときに重要になるのが金融機関とのパイプです。

金融機関は、お金を借りてきちんと返し続けてくれた会社なら、信用できる会社と見てくれます。信用が増えてくれれば困ったときに相談にも乗ってくれるでしょう。金融機関はあなたのビジネスを支える仲間なのです。最近は「融資アナリスト」の資格を持つ人も増えてきました。こうした資格を持った人に相談して会社の規模に合った適正な金額を借りましょう。

自分は今どの時間軸にいるのか

「私はホームページを作って毎月1万円もらうサブスクをやろうと思っています」という起業家がいます。そういう人には「契約時に何十万円かお金をもらわないと会社が成り立ちませんよ」とアドバイスをします。ビジネスのやり方というのは人によって千差万別ですが、自分が今どういう状況にいるのかを頭に入れておかなければなりません。

例えばサブスクモデルとして月々3000円入るビジネスがあるとします。新規に毎月100人ずつ契約すると計画しました。たしかにこの計算通りにいけば3年後5年後10年後にはものすごい売上になるわけです。しかしここに時間の概念が欠けています。おそらく最初の数ヶ月で挫折することになります。サブスクの場合、設立時の資金がたくさんあればうまくいくかもしれませんが最初の資金繰りが大変なのです。また運よく軌道に乗ったとしても、予定どおりにお客様が増えないとすぐに資金繰りが悪化します。

起業して一番はじめに考えなければならないのは、あなた自身が生きていくお金を稼ぐことです。たとえすばらしいビジネスモデルだったとしても途中で資金繰りがうまく行かなければ、その計画は頓挫します。起業したときは、まずあなた自身が生きていくお金を稼がなければなりません。会社経営とは毎月必ずお客様を獲得できると保証されているわけではありませんし、契約した人が途中で解約してしまうかもしれません。ここで必要なのは自分が今いる「時間軸」で戦略を変えていくことが必要なのです。

起業したての頃の戦略

利益があまりなくてもとにかく売ることです。起業したての頃はすぐにお金が尽きてしまいます。ですから仕事の選り好みをしないで、売って売って売りまくります。サブスクなんて考えなくていいのです。契約がしづらくなります。まずは売ってお金にすることです。

少し余裕ができた頃の戦略

なるべく安い仕事はしないことです。起業したての頃から付き合いがある人でもお金にならないような人は、値上げするか徐々に断っていきます。苦しいときに助けてくれたという恩はあると思いますが、こういう人に引きずられると次のステップに進めなくなってしまいます。商売というのは高額でも少額でも手間や労力はほとんど一緒です。お金にならない人の仕事をやめてお金をたくさん払ってくれる人の仕事を優先すべきです。あなたの商品、仕事に満足しているお客様ならたとえ値上げしたとしても、きっとわかってくれるはずです。

軌道に乗ってきたときの戦略

ここではじめて売上の他に月額料金のように営業しなくても毎月お金が入ってくるサブスクの仕組みを作ることができます。この時期にあなたが考えなければならないのは、会社に安定してお金が入ってくる仕組みです。消耗品でもいいですし、買い替えでもいいです。一人のお客様から継続的にお金を頂戴するという仕組みが欲しいのです。新規のお客様に売りながら、既存のお客様から地道に稼ぐことが成功する秘訣だと思います。

次の電車に乗る

さて、先ほどのところまで来れば会社の売上は伸び、財務内容も安定してきます。ただ突然ここで壁にぶつかります。売上が伸びなくなってしまうのです。そして何年も何年も売上が変わらなくなります。私も売上が1億円くらいのときに経験しました。まるで山手線に乗っているようにグルグルグルグル毎年同じような売上が続きます。これを解決する方法はひとつだけ。それは山手線から降りて「次の電車」に乗ることなのです。ただこれを書くと今のあなただと方向性が狂ってしまう可能性がありますので、次回の本に譲ろうと思います。

会社の形を作る

起業時に重要なのは売上やお金の確保ですが、次に学ばなければならないのは会社としての形を作ることです。最初の頃は売れそうなものはなんでも売ってきたかもしれません。たまにしか売れないけど売れたら大きなお金になるような商品も扱っていたかもしれません。しかしこのままではなんでも屋になってしまいます。形のないアメーバのような今の会社を形のあるものにしていく必要があります。

絞り込み

経営が軌道に乗ってきたので、さまざまな商品を売ろうとする起業家がいますが、これはやめたほうがいいと思います。経営が安定してきたら次にすることはむしろ商品を絞り込んでいくことです。起業時はどれが当たるかわからないうえ、お金の心配もあります。だからさまざまなものを売ってきたと思います。さらに売上を伸ばすために、扱う商品の種類をもっと増やそうと考えるかもしれません。

しかし、ここでまずやらなければならないのが、販売商品の絞り込みです。増やすのではなく減らすのです。利益もあるのでやめたくない商品もあるでしょう。しかし商品を絞り込まなければ、会社の明日は危うくなっていきます。

専門店を目指す

昔のデパートは輝いていました。私も子供の頃はデパートに行くのが楽しみでした。近所の商店にはないさまざまなもの、素敵なものが「なんでも」売っています。

しかし今、デパートがどうなっているかはご存知のとおりです。あなたがデパートで最後に何かを買ったのはいつでしょうか。

当時とは違い、今はありとあらゆるものが数え切れないほど販売されています。そのすべてをデパートが取り扱えるはずがありません。デパートは「なんでも」売っているお店ではなくなったのです。

今の人たちは知識が増え、目も肥えていますから専門的なお店でいいものを買いたいと思っています。パワーストーンしか売っていない店やアジアの食材しか売っていないお店がありますよね。今の世の中は専門性が求められているのです。昔のデパートのように薄く広く売る商売「なんでも屋」はなくなっていく運命なのです。

あるパソコンメーカーは、自社パソコンを売っていましたが、店頭では中古のソフトも売っていました。聞いてみるとパソコンメーカーになる前は中古のソフトの販売店をしていたそうです。捨てるのは忍びないと売っていたらしいですが、あるとき全部廃棄したそうです。この会社は今、上場しています。

商品を絞り込んでいくことによって専門性が生まれ、知識が豊富になりお客様からの信頼も増していくのです。起業家はデパートを目指すのではなく、専門店を目指してください。

商品だけでなくビジネスや業界も陳腐化する

あなたの会社は専門店として売上が安定していきました。知名度も上がりお客様から信頼していただける会社になりました。では、このまま一生同じものを売り続けていけば会社が存続するかというと、そんなに甘くはありません。今は昔のように5年前、10年前も同じ仕事をしている、同じものを売っているという会社はほとんどありません。商品が陳腐化するように、ビジネスや業界も陳腐化していきます。

業界全体の売上がだんだん落ちてくるのがこのシグナルです。世の中がもうあなたの業界の商品を必要としなくなってきているのかもしれません。未来を予測するのは商品だけではありません。今は考えなくてもいいのですが、ある程度成功したら次のビジネス、次の業界を考えておくべきなのかもしれません。

商品の作り方

世の中にはさまざまなマーケティングの本や経済学、経営学の本があります。ただ一番肝心な「商品の作り方」について書かれている本はほとんどありません。なぜかというと、売れる商品には絶対的な法則がないからです。その時代の背景や突発的なブーム、人気のアイドルがたまたま食べたものなど商品が売れた理由はさまざまです。ただ売れる商品には法則とまではいかないまでも、ある一定の傾向らしきものはあります。

幕の内弁当を好きな奴はいない

安くて美味しいと有名な「のり弁当」がありました。店主はお客様に喜んでもらうためにウインナーを追加しました。お客様はいいねと喜んでくれました。そこでシュウマイを追加しました。天ぷらを追加しました。するとだんだん売れなくなってしまいました。そこで店主は唐揚げも追加しました。さらに売れなくなりました。お客様が喜んでくれると美味しいものをたくさん入れたのになぜでしょうか。もはやこれは「のり弁当」ではなく「幕の内弁当」だからです。

今の話は私の創作ですが、商品やサービスをリリースする前から、多くの機能を盛り込む。さまざまな人をターゲットにする、異業種にも売り込む。全国展開する。こういう風呂敷を広げた計画を立てる社長がいます。こういう「幕の内弁当」みたいな商品やサービスはたいてい失敗します。ターゲットを広げ、販売地域を拡大し、多くの機能を盛り込むことによってどんどん個性が薄れていくからです。なんでもそろっている状態は、お客様から見ると全部が中途半端に見えてしまうのです。故に売りになるもの、たったひとつに絞れるもののほうが専門的に見えますし、美味しそうに聞こえるということが多いのです。たとえば「高知県の四万十川で取れた川海苔を使ったのり弁」のほうが、全国各地のすばらしい食材を使った幕の内弁当より売れるものなのです。

商品やサービスをリリースするときは、さまざまな機能、全国展開、多くのお客様をターゲットに……などと考える前に、一部の人が喜ぶような商品をまず完成させることが重要です。

販売していくうちに、お客様からいろいろな意見が出てくることでしょう。机上の空論でアイデアを出し合っても無駄になる可能性もありますし、修正がきかなくなることもあります。せっかくいいものなのに焦点がボケてしまい商品の個性が埋もれてしまう可能性もあります。だからまずはものすごくシンプルなものを作り、すばやくリリースします。いろいろと考えるのは、それからでいいのです。

本物であること

起業家から「ネットに広告を出しました。ブログやメルマガを書いたりしているんですが、問い合わせがあまり来ません。どうしたらいいでしょう」と聞かれることがあります。こう言う人に私は、次のように質問をします。

あなたが売っているものは本物ですか?

他にはないものですか？

あなたが絶対の自信を持っているものですか？

友人たちは「あなたの商品をスゴイじゃないか」と言ってくれましたか？

マーケティングとは、どんなものでもたくさん売る技術ではなく、「まだ知られていない、すばらしいもの（本物）を人々に知らしめる技術」なのです。あなたの商品がつまらないものならば、どんなにチラシを撒いても、ネットで広告をしても誰も買うことはありません。なぜなら売れない理由とは「お客様が知らないか、その値段の価値がないか」のどちらかだからです。


私が取締役をしている会社の社長はすばらしいソフトを作りました。広告を出したらすごく売れるぞとアドバイスしました。ところが彼は「まずブログを書いて、問い合わせが来た人に実際に使ってもらおうと思います」と言います。私は「ブログなんて書いたって誰も見ないし、小さい会社は大手には相手にされないよ」と言いました。しかし彼は「すばらしいものってみんな求めていると思うんですよ」と答えました。そんなに甘い世界じゃないよと思いましたが、とりあえず彼の言う通りにしました。結果、年商数千億円の上場企業が数社、彼のソフトを買ってくれました。ちなみに彼は大成功し、今は国からの依頼でさまざまなシステムを作っています。

売れるもの売れないもの

あなたが他社にはない、特別なものを売っているなら別ですが、もしそうでないならば商品やサービスをライバル会社に勝てるものにしなければなりません。

それには3つの方法があります。

①ライバル会社とまったく同じ機能やサービスの商品をライバル会社の価格の半額で売る

②ライバル会社より圧倒的にすぐれた物、サービスをライバル会社と同じ価格で売る

③ライバル会社とは違う儲け方をする

①②は営業の仕方次第になりますが、ライバルに勝てる可能性は十分にあります。では③はどういうことかというと、マネタイズをずらすという方法です。例えば、この商品は見込み客を獲得する商品とし、これを買ってくれたお客様に高い商品を売るという方法、他社とのアライアンスで、アライアンス先からお金をもらうという方法もあります。そうするとこの商品で儲からなくてもいいことになります。このビジネスをずらす方法には、さまざまなパターンがあります。これに関しては長くなりますので、前著『会社を伸ばす社長の心得と法則』（明日香出版社）をお読みください。

お客様を細かくイメージする

テレビで保険会社のCMを見ると、一体これは何十年前のお客様イメージなんだろうと笑ってしまうことがあります。商品を買ってくれるお客様像が古いからこうなってしまうのでしょう。お年寄りならとか、女性なら、といった古い固定概念にとらわれてしまうと商機を逸してしまう恐れがあります。体育会系は営業が得意。高齢者はパソコンが苦手。女は男よりも繊細。理系の人は文章が苦手……などといった昔の考え方は、今ではまったく通用しません。

たしかに昔ならば年代や性別によって行動が画一化していました。40年前の若者は春や秋はテニスをし、冬はスキーに行くのが定番でした。しかし今の若者は千差万別です。性別による行動の違いもあまり関係なくなってきています。また60歳、70歳といっても今のお年寄りは、昔のお年寄りとは違います。87歳で亡くなった私の母親は和菓子よりケーキが好きでした。お年寄りだからといって和菓子が好きとは限らないのです。

商品やサービスを作ったら次に行うことは買ってくれるお客様のイメージを作ることです。先ほどのように固定概念にとらわれて20歳ぐらいの女性、50代の男性とか中小企業の社長向けなど、勝手にお客様像を作ってしまわずに、買ってくれるお客様のキャラクターを細かく作ってしまうのです。そうするとどういうお客様に受ける広告をすればいいのか、どんな媒体に広告をしたらいいのかがわかってきます。

キャラ設定をする

では実際に買ってくれるキャラクターをイメージしてみましょう。

A子さんの場合

会社へは毎日通勤することになっていたが、最近は月に何回かテレワークの日がある。テレワークの日は誰とも喋らないこともしばしば。恋人はいるけれど、なかなか相手が結婚してくれと言ってくれないため関係は少しマンネリ化している。学生時代の友だちは半数以上が結婚しているので、最近は親がうるさく電話してくる。

親元から離れて10年。最初の数年間は自炊していたものの、夜はお酒を呑みに行くことも多くなり自炊は年に数回。呑み会は自分たちの世代だと居酒屋になってしまうけれど、後輩たちと呑みに行くと今流行りのおしゃれなお店に行くので楽しい。彼らはどこでそんな情報を仕入れたのか驚かされるが、それを聞くと年寄り扱いされるのであえて聞かない。

最近は髪質が変わったのか、年齢なのかはわからないが、髪の毛の傷みがだんだん激しくなってきた。高級なトリートメントに変えたほうがいいのか気になっているが、どれを買ったらいいか調べるのも面倒なので今までのものを使っている。毎月買う雑誌は20代前半の人向けのものから20代後半の人向けに替えた。本当なら30代向けを買うべきなんだろうけど自分は老けて見られたくないということもある。最近のテレビは面白いものが少ないので、週1のサスペンスドラマ以外はスマホで動画を見ることが多くなった。そのせいか目が悪くなってきた気がする。

こんなに細かくキャラ設定をする必要はないかもしれませんが、こうやって考えていくと、どんなところに広告をしたらいいのか、どんなキャッチコピーにしたらいいのかが何となく浮かんでくるのではないでしょうか。

キャラ設定をしているうちに「あれっ、なんか自分が作った商品と売りたい人のイメージがかなり違っている」ということがあるかもしれません。こうした細かいキャラ設定をすることで自分の商品の特徴やサービス内容を微妙に変化させなければならないと気づくこともあるのです。逆にキャラ設定してから商品を開発するということも考えてみるといいでしょう。

想定外のところから売れることもある

昔、関連会社でシークレットシューズを売ったことがあります。結婚式で男性は女性と身長を合わせたいというニーズがあると思ったので、シークレットシューズは結婚式場に売れるのではないかと営業してみましたが、結婚式場ではまったく相手にされません。担当者の方にお聞きすると「こういったものはご自身で用意するものです」というお答えでした。そんなこともありサイトで細々と売っていたのですが、ある一人のお客様が定期的に買ってくれました。そこでこのお客様にどうして購入されるのですかと理由を聞いたところ「ソーシャルダンスをしているんだけど、やっぱり女の人より身長が低いと格好悪いんだよね」というお話でした。そこでソーシャルダンスのスタジオにシークレットシューズの売り込みをすることにしました。へーっこんなものがあったんだと会員の方にはたくさん売ることができました。しかも一度シークレットシューズを履くとズボンもそれに合わせて裾丈を調整するので、ずっとシークレットシューズを履き続けなければならないという新しい情報も仕入れられ、思いもよらず定期購入の話にまで発展しました。

当初売れなかったのは、背が低いお客様はシークレットシューズを買うに違いないという単純な思い込みです。シークレットシューズの販売の本質は、単に背が低いから買うのではなく「誰かと比較して背が低く見えるからシークレットシューズを買う」ということだったのです。

いい加減ぐらいがちょうどいい

私はお客様に言われてさまざまなものを作ってきましたし、こういう商品が出たら買いますかというアンケートをしたこともあります。営業社員に一軒一軒行かせて、どんな商品が出たら買いますかという質問もしました。そして1年後。お客様の意見をもとに新しいソフトを開発して販売しました。しかし結果は惨憺たるものでした。

アンケートや市場調査は質問によっても変わってきますし、人間は実際に見たり触ったり使ったりして、やっとそのよさがわかる生き物です。また今までの延長線上の商品であればまだ理解もできるのですが、今まで見たこともないようなもの、考えたこともないようなものだと、どう反応していいかわかりません。故に新商品はあまり深く考えずに実際に販売してみることだと思っています。私自身、これは絶対売れると思って出した商品がほとんど売れなかったり、たいして売れないだろうなと思って販売した商品が意外に売れたりした経験もあります。また先ほどのように、狙っていたマーケットでは全然売れず、まったく違うマーケットでたくさん売れたこともあります。

ある本にホンダの経営幹部へのインタビューが書かれていました。昔、米国でバイクを売り出したときの話です。インタビュアーから売上目標はどう決めましたかと聞かれると、その経営幹部は「直感で決めた」とのことです。また、なぜ米国で販売しようと思ったんですかと聞かれると「本場の米国でどれだけやれるか試したかったんだ」です。

ビジネスなんて、やってみなきゃわからない

今から20年ほど前に家族でディズニーランドに行くことになりました。そこで私はいつが空いているかをネットで調べましたが、日曜日より土曜日のほうが混むとか旧正月は中国からの観光客が多いといった不確かで断片的な情報しかありませんでした。そこで、こうした不確かな情報を収集してデータ化し混雑を予測するシス

テムを自分のために作りました。

せっかくなので「ディズニー混む」というサイト（現在は閉鎖）を作って予測を掲載しました。当初はほとんど見に来る人はいなかったのですが、「全然当たらない」とディズニーランドファンの怒りを買ったおかげで、月間のサイト来場者は８万人を超える人気サイトになりました。遊びで作った「年金特別便ドットコム」（現在は閉鎖）は月間２５０万人を集めるサイトになりました。

今でもこうした「遊び」は常にやっています。ネットに散らばっているサッカー動画を集めた「ＪＣＡＬ」「ＥＣＡＬ」や最新のスイーツ情報を集めた「ＮＥＷＮＥＷ」などさまざまな実験を行っています（いずれも下記参照）。なんでこんなことをしているかというと「面白いから」です。それで商売にならなくても必ず学びはあると思います。

ビジネスなんていうものは、どう転ぶかわかりません。何か

JCAL（国内サッカー日程情報）　ECAL（欧州サッカー日程情報）　NEWNEW（スイーツ情報）

の拍子に違うビジネスに結びつくこともあります。誰も予測不能なのです。じっくり考えたって、即断したって成功確率はたぶん五分五分。ならば他に先んじて早くやるほうが成功する確率は高まります。フリーランスや起業家が唯一、大企業に勝てる点はスピードです。あまり深く考えず、とにかく早くスタートすることが重要だと思います。世に存在しないものならまずやってみることです。

参入障壁の高い商品を作る

あなたは起業し、最初は苦戦したものの徐々にお客様も増え、ようやく生活に困らない程度になりました。そんなある日、あなたは聞いたことがない会社が、あなたと同じものを売り始めたことをネットで知るのです。

昔、私が東京で行ったセミナーとまったく同じタイトルのセミナーが大阪で行われているのを友人からの連絡で知ったことがあります。しかも私のセミナーの1週間後です。さすが大阪は行動が早いなと驚いたことがあります。最近24時間いつでもトレーニングできるジムがさまざまな場所にできてきましたよね。私はこのマーケットにはいつか大手がやってくるだろうなと思っていたらやはりやってきました。ライザップで、料金は半額以下です。苦労してこのマーケットを作ってきたトレーニングジムは強力な差別化をしないと壊滅してしまうと思います。ただライザップの価格では利益がほとんど出ないので違うビジネスモデルが後ろに控えているのかもしれません。

あなたの商品が売れていることに気づくとさまざまな会社が類似の商品を出してきます。あなたも負けるもんかといって次の商品を作ります。価格も少し安くします。これが延々と続きます。最後は体力勝負になり、あなたは大手企業の前に破れ去ることになります。

ライバルの登場をあきらめさせるには、最初から参入障壁が高いものを作ることです。簡単に真似されるようなものだとすぐに大手がやってきて、あなたが作ってきたマーケットをすべて奪い取ってしまいます。

ある上場企業が新しい健康食品を売ることになりました。広告費1億円を使って広告宣伝を行い、1年後にようやく人々に認知されて徐々に売れるようになりました。ところがその数カ月後に大手の化粧品会社が、この健康食品と同じ商品の販売を開始しました。結局、この上場企業の健康食品は売上が下がってしまい2年後に撤退しました。

参入障壁が低い商品、つまりすぐに真似できてしまうような商品やサービスを起業家はビジネスにしてはいけません。先ほどの上場企業でさえ、もっと大きな会社、知名度の高い会社にすべて奪われてしまうのです。起業家やフリーランスなんて眼中にさえないでしょう。こうならないためには専門性が高いうえに、とてもこの金額でこのクオリティは無理だというものを作るか、大手が相手にしないくらい小さなマーケットを狙うかどちらかになります。

面倒をなくすと、新しい面倒が出てくる

昔の人は、部屋を掃除するときに、ほうきとちりとりを使っていました。しかし毎日、ほうきで掃いてちりとりでゴミを集め、ゴミ箱に捨てるのは面倒な仕事です。そこで出てきたのが掃除機です。掃除機は最初こそ高額でしたが、除々に安価になりすべての家庭に普及しました。ただ面倒なことがあります。当たり前ですが自分で掃除機をかけなければなりません。そこで出てきたのが自分で掃除しなくてもいい「ルンバ」に代表されるロボット型クリーナーです。

面倒なことをなくすと、新しい面倒なことが出てくるのです。そして新たな面倒なことを解決するためにまたお金を使います。さてロボット型クリーナーの次はなんでしょうか。たぶんゴミを自動的に捨ててくれるものでしょう。最終的には燃えるゴミの日にゴミを自動で出してくれるクリーナーが解決策なのかもしれません。

他社が画期的な商品を出してきたことを知った場合に、あなたがまず取る行動は、

新商品の面倒なところはどこかを探すことです。そしてそれを解決する商品を作ることなのです。

儲かっている商売の周りを探す

儲かっている商売や誰もがこれからブームになるだろうというマーケットは完全にレッドオーシャンです。大手が続々とやってきますから起業家はすぐに吹き飛んでしまいます。しかし、儲かっている商売の周りはまだ荒らされていない可能性があります。

たとえばドローンのビジネスをしたいといった場合、単にドローン教室を始めたりするのではなく、その周辺を見渡してみることです。ドローンの中古機販売や修理の請負、ドローンを飛ばせる場所の提供、ドローン機器のチューンナップなどさまざまな周辺ビジネスを思いつきますよね。起業家は、ど真ん中のレッドオーシャンに突っ込むのではなく、その隣りにあるまだ荒らされていないニッチな市場「ピンクオーシャン」に乗り出すことが成功する秘訣と言えるでしょう。

では昔からあるマーケットはダメかというとそういうわけでもありません。昔からの古いマーケットに他の業界の成功例や新しいビジネスを持っていくというのもひとつの方法です。

昔からの会社が幅を利かせる業界への進出

昔からのマーケットなんて、どこもレッドオーシャンだよと思うかもしれません。そんなことはありません。実は二代目三代目社長が多いマーケットは狙い目なのです。彼らは創業者と違ってビジネスを切り開いてきた人たちではありません。親が作った土台に乗っかっている社長が多いマーケットというのは、起業家にとっては非常に美味しいマーケットと言えます。彼らは今まで通りのやり方しかしませんし、親の言うことを守ります。ビジネスで博打はしませんし、同業者を裏切るようなこともしません。みんな仲よく商売をしているのです。今までより品質がすばらしいもの、既存の商品より低価格なもの、新しい機能、今までなかった販売方法。こうしたさまざまなアイデアで彼らに勝つことができます。

当社が創業したときはすでに創業20年以上の会社が何社もありました。すべてオフィスコンピューターと言われる数百万円の高額な商品ばかりです。そこに当社はパソコンで動く会計ソフトを低価格で販売したのです。当時は同業者からパソコンなんて企業や税理士事務所が使うわけないよと軽く見られていました。しかし今当社のユーザー数は東証一部上場企業よりも多くなりました。今まで競争がなかった世界では、いくらでも勝つチャンスがあるのです。

昔は規制があった業界

今まで規制があった業界も儲かるマーケットと言えます。例えば税理士業界は昔、広告規制というのがあり、広告や宣伝ができませんでした。しかし、広告規制が緩和された途端、新しい税理士事務所が名乗りを上げ、古い税理士事務所をどんどん駆逐しています。今やトップの税理士事務所以外、2位以下はほとんどが入れ替わりました。

酒や米、タバコなど国の規制があった業界は今どうなったでしょうか。流通の自由化もあり、昔ながらの店はほぼ壊滅していますよね。今は金融機関や出版業界が流通やネットによってその存在を脅かされています。次は医療や医薬品でしょうか。規制があった業界というのは国や業界の力に守られて新しい波には脆弱な会社が多いものです。羊ばかりの業界にもし狼が1匹でも入り込んだら、それだけですべて駆逐されてしまいます。

「何にもない」は最強

昔、当社は給与計算のソフトを持っていませんでした。そこで給与計算のクラウドシステムを開発し、無料で使ってもらおうと計画しました。他社はすでに給与計算ソフトのユーザーを持っていたので無料にすることはできません。たとえば年間5万円の保守料金をもらっているユーザーが1万社あったとします。もし無料にしてしまったら、その分の売上がなくなってしまいます。しかし当社は給与計算ソフトのユーザーが1社もありませんからソフトを無料で配っても売上が減るということはないのです。

何かアクションを起こす場合、さまざまなしがらみが出てきます。これをやったらあの人に迷惑がかかる、このお客様からお金をもらっているのに、あのお客様からもらわないわけにはいかない。こうした会社とお客様との問題や先ほどのような今まであった利益がなくなってしまうという問題も出てきます。会社というのは長くやっていけばいくほど、こういったしがらみが増えていくのです。

しかし起業家はこういったものが何もありません。お客様もいませんし、お金を払ってくれている人もいません。何か新しいことをしたからといって、誰かに怒られることもありません。世界で大成功した起業家たちは何も持っていなかった人たちばかりです。こういう失うものが何もないというのは、ビジネスとしては最強なのです。

素人にしかわからないことがある

当社は設立して30年以上たちますが、業界の中では新参者です。えっ！とびっくりされるかもしれませんが、会計ソフトの業界は創業50年以上の会社が何社もあります。当社を含め長い歴史を持つ会計ソフト会社でさえ気づかなかったソフトがありました。それは経費精算です。我々会計ソフト業界でも経費精算が面倒なのはわかっていましたが、経費精算は手作業でやる仕事で、まさかこんなソフトにお金を払うような会社があるとは誰も思わなかったのです。だから会計ソフト業界で経費精算のソフトを作った会社は1社もありません。今や経費精算の会社は何社もあり、かなりの売上を上げています。

昔からある会社というのは、業界の常識で物事を考えてしまいます。頭が凝り固まっているのでしょう。こんなのはビジネスにはならないと。こういう昔からの業界は起業家のすばらしい気づきや、ひとつのアイデアで業界中をひっくり返すことができるかもしれないのです。

大手企業がひしめく業界だから、今さら、起業家が参入しても無理だと思わないでください。大手企業にも弱点は必ずあります。起業家にはいくらでもチャンスはあるのです。

プラットフォームを利用する

スマートフォンの市場はアップルが作ったものです。今から14年前、スマートフォンはiPhoneしかありませんでした。その後グーグルがAndroidを作りました。当初グーグルはスマートフォンを自社開発すると考えられていましたが、グーグルは自社でスマートフォンを作るのではなく、スマートフォンを作りたくても作れないメーカーと組むことにしたのです。つまりグーグルはiPhoneと戦うのではなく、みんなが使えるプラットフォームを作ったのです。結果、今ではAndroidは世界シェアで7割を超えました。

起業家がビジネスで勝つヒントは、勝ち組のプラットフォーム上で何をするか、何を作るかだと思います。アップルのように独自のシステム、ハードウェアを作る時代ではなくなったのです。最近ではＡＩもそうですが、誰でも利用できるサービス、誰でも参加できるスペースなどさまざまなプラットフォームが出てきました。ユーチューブやインスタだけでなく、こうした新しいプラットフォームを周りの人たちと、活用する、共同作業する、みんなで盛り上げる。こうすることで起業家でも大成功を収められる可能性があるのです。

成功するビジネスは常にシンプル

商品はわかりやすくシンプルなものにする

他社と差別化をするために、商品にいろいろな機能をつけたり、オマケをあげたりする場合があります。ここで問題なのは、さまざまな機能やオマケがあなたの商品を買いずらくしている場合があることです。

あるパソコンのキーボードメーカーのお話です。キータッチもよく価格も安いということでヒット商品になりました。その会社はさらに売上を伸ばそうとキーボードにマウスをおまけでつけました。価格は同じです。ところがこれが大失敗。キーボード自体はすばらしい製品なのですが、おまけでつけたマウスの使い勝手が悪いと口コミに書かれ、逆に売れなくなってしまいました。

おまけにも完璧が求められる時代です。マウスのお金も料金に入っていると考えると何か損した気持ちになってしまうからです。同じようにメインの機能の他に、あれもできます、これもできますというようなものも同様です。いろいろ機能があるけれど基本性能がよくないとあらぬ疑いをかけられたり、一部の機能しか使わないお客様にとっては何か損した気分になってしまうかもしれません。

また説明を聞かないとよくわからない商品もあります。お客様にわかりにくく説明が必要な商品というのは、なかなか売れません。また便利だけど操作が複雑な機器やさまざまなサービスを提供する商品は魅力を伝えるのが大変なため、広告宣伝費や顧客獲得コストも高額になってしまいます。

シンプルなビジネスモデルを作る

商品だけでなくビジネスもシンプルにすべきです。Aさんが売るとBさんに紹介料が入る。入金はお客様から当社に振り込まれCさんにその何%のインセンティブを支払うといった、込み入ったビジネスモデルは避けなければなりません。

こういう複雑な仕組みのビジネスはたいていうまくいきません。商品を販売するときのステークホルダーが多ければ多いほど、ビジネスは失敗する可能性が高くなりますし、メンバーの中の一人でもダメならすべてが水泡に帰します。多くの販売店を開拓し、全国展開したもののまったく売れないなんていうビジネスはこの世の中にたくさんあるのです。

成功しているビジネスモデルというのはすべてにシンプルなのです。

Column

アニメはなぜスポーツや異世界ばかりなのか

アニメや漫画の主人公は学生ばかりです。またその舞台は、学校やバンド、異世界、歴史がほとんどです。さて、どうしてこうなるのかと言うと、作家は子供の頃から漫画を書き続け、就職したことのない人も多いからです。だから世の中のことを本やテレビでしか知りません。故に自分の生活圏の話か異世界の話になってしまうのです。故に「営業マン、コナン」とか「転生したら不動産会社の社長だった」といった話は書けません。

「えっ？　それが起業やフリーランスとなんの関係があるの？」と思われましたか。起業も同じなのです。特に学校を卒業してすぐにフリーランスになった人はバイトでの経験やネットで得た知識で起業する人が後を絶ちません。最近フリーランスで起業した人に会うと、サイト作成や動画系の人ばかりです。

この数年でフリーランスになる人は倍増しています。今後はもっと増えていくでしょう。するとどうなるかと言うと、仕事の奪い合いになります。しかも毎年毎年、競争が激しくなっていきます。

ひとつだけ忠告させてください。もしあなたが学生ならば、まずは就職することをお勧めします。そこで自分のビジネス、新しいビジネスを見つけても遅くはありません。

おわりに

あなたはネットのニュースや知り合いとの雑談で、同業者や起業した仲間のビジネスがうまくいっていることを知ります。フリーランスの友だちで高級車を買った人もいました。先ほど打ち合わせした起業家は腕にロレックスをはめています。

あなたは焦ります。俺はなんでこんなことをやっているんだろう。あいつらみたいになんで俺はうまくいかないんだろうと、気持ちがどんどん沈み込んでいきます。

心配することはありません。全部一時的な話だからです。ネットニュースでベンチャーキャピタルから何億円出資を受けました。当社はメディアから表彰されました。ランキングで1位をとりました。当社のビジネスが注目を集めているとテレビで取り上げられました。こんな会社はいくらもあります。でも、その会社って今ありますか。ありませんよね。だって失敗しちゃったんですから。

結局、ベンチャーキャピタルからお金を出してもらったけれど会社がうまくいかなくなり、どこかの会社に売却。社長は追い出されて自己破産。会社を設立したときからずっと赤字。上場したけど黒字になる目処も立たない。いろんな話題作りをするけれど全然売上に結びつかない。

あなたがうらやましく思う会社のほとんどは、こんな会社ばかりです。

他社を気にする必要ありません。あなたは今の仕事を地道にやっていけばいいのです。そして最後に勝つのはあなたなんです。

著者
井上達也（いのうえ・たつや）
1961年生まれ。株式会社フリーウェイジャパン代表取締役。株式会社日本デジタル研究所（JDL）を経て1991年に株式会社セイショウ（現、株式会社フリーウェイジャパン）を設立。当時としては珍しく大学在学中にマイコン（現在のパソコン）を使いこなしていた経験と、圧倒的なマーケティング戦略により、業務系クラウドシステムでは国内最大級のメーカーに急成長させる。中小企業のITコストを「ゼロ」にするフリーウェイプロジェクトは国内の中小企業から注目を集め55万ユーザー（2024年10月現在）を獲得。多くの若手経営者の支持を集めている。著書に『決定版　小さな会社の社長の戦い方』『起業を考えたら必ず読む本』『伸びる税理士事務所のつくり方』（以上、明日香出版社）などがある。

決定版　失敗しない起業家の戦い方

2024年11月14日 初版発行

著者　井上達也
発行者　石野栄一
発行　明日香出版社
〒112-0005 東京都文京区水道2-11-5
電話 03-5395-7650
https://www.asuka-g.co.jp
装丁　大場君人
印刷・製本　シナノ印刷株式会社

ISBN 978-4-7569-2369-1